天津市哲学社会科学规划课题
项目编号：TJGL19-026
项目类别：一般项目

崔宁 著

小农户现代化农业发展路径研究

延吉·延边大学出版社

图书在版编目（CIP）数据

小农户现代化农业发展路径研究 / 崔宁著 . -- 延吉：延边大学出版社，2023.9
 ISBN 978-7-230-05470-6

Ⅰ . ①小… Ⅱ . ①崔… Ⅲ . ①现代农业—农业发展—研究—中国 Ⅳ . ① F323

中国国家版本馆 CIP 数据核字 (2023) 第 177888 号

小农户现代化农业发展路径研究

著　　者：崔　宁	
责任编辑：金钢铁	
封面设计：文合文化	
出版发行：延边大学出版社	
社　　址：吉林省延吉市公园路 977 号	邮　编：133002
网　　址：http://www.ydcbs.com	E-mail：ydcbs@ydcbs.com
电　　话：0433-2732435	传　真：0433-2732434
印　　刷：天津市天玺印务有限公司	
开　　本：787 毫米 ×1092 毫米　1/16	
印　　张：11.5	
字　　数：200 千字	
版　　次：2023 年 9 月第 1 版	
印　　次：2024 年 3 月第 2 次印刷	
书　　号：ISBN 978-7-230-05470-6	

定　　价：60.00 元

前　言

本书系天津市哲学社会科学规划课题《嵌入性视角下小农户与新型农业经营主体有机衔接研究》研究成果。

一直以来，各国学者对小农户经营发展的研究从未间断。在我国实行家庭联产承包责任制后，以家庭为单位的小农户生产经营成为我国开展农业活动的主要方式。随着经济社会的不断发展，农业经营主体越来越多元化，但小农户仍是农业生产经营活动中的主体。进入21世纪后，我国社会经济得到了极大的发展，同时随着工业化和城镇化程度的不断加深，农业经济效益逐渐下降，农户从事农业生产经营的积极性开始逐渐降低。如此一来，越来越多的农村居民就会离开农村到城镇务工，农民老龄化现象严重，"农村土地由谁来种"成为影响农村农业发展的重要问题。为扶持小农户，提升小农户发展现代农业能力，加快推进农业农村现代化，夯实实施乡村振兴战略的基础，中共中央办公厅、国务院办公厅于2019年2月印发《关于促进小农户和现代农业发展有机衔接的意见》（以下简称《意见》）。《意见》指出"发展多种形式适度规模经营，培育新型农业经营主体，是增加农民收入、提高农业竞争力的有效途径，是建设现代农业的前进方向和必由之路。但也要看到，我国人多地少，各地农业资源禀赋条件差异很大，很多丘陵山区地块零散，不是短时间内能全面实行规模化经营，也不是所有地方都能实现集中连片规模经营。当前和今后很长一个时期，小农户家庭经营将是我国农业的主要经营方式"，并提出了促进小农户与现代农业有机衔接的重要举措。

在促进小农户与现代农业有机衔接的过程中，积极培育新型农业经营主体是一种有效促进小农户与现代农业有机衔接的方法。通过发展新型农业经营主体，可以进一步发挥新型农业经营主体的引领作用，最终带动小农户实现现代化发展。现阶段，要想实现农业现代化发展，就必须帮助小农户走上现代农业的道路，让小农户的组织化程度、应对风险能力都得到一定提高，最终帮助小农户实现增产增收。因此，有必要针对小农户与现代农业衔接的相关情况进行研究，进而总结衔接过程中存在的问题，深入研究造成这些问题的原因，最终探究促进小农户与现代农业有机衔接的现实路径。实现小农户与现代农业的衔接不仅仅是小农户自身发展的需求，更是我国实现社会主义现代化发展的需求。在这一过程中，积极培育新型农业经营主体，带动小农户实现现代化发展，不仅符合我国的国情，而且对加快推进农业农村现代化，实现乡村振兴，保障国家粮食安全具有重要意义，这也是新时期我国农村农业发展的重要方向。

本书在明确"小农户""现代农业"的概念和二者之间的关系，以及了解相关理论基础的前提下，对我国小农户的经济特征、生产经营行为及其特征、衔接问题与产生原因等进行了比较全面的分析，结合案例对新型农业经营主体带动下小农户与现代农业有机衔接的现状、面临的困境进行了具体探索，总结经验，最后给出了研究结论并提出了对策建议，以期为有关学者研究我国小农户与现代农业发展有机衔接贡献绵薄之力。

本书是崔宁（天津农学院人文学院）所著。本书在撰写过程中，参阅了大量的文献资料，引用了诸多专家和学者的研究成果，在此表示最诚挚的谢意。由于作者水平有限，书中的不足之处，敬请专家、学者及广大读者批评指正。

目 录

上 篇 中国小农户生产经营活动 ……………………………………… 1

第一章 小农户生产经营理论概述 ………………………………… 3
第一节 相关概念解析 …………………………………………… 3
第二节 理论基础 ………………………………………………… 8

第二章 小农户的经济特征与生产经营行为 …………………… 11
第一节 小农户的经济特征 …………………………………… 11
第二节 小农户的生产经营行为 ……………………………… 14
第三节 小农户与现代农业衔接过程中存在主体行为困境的表现 …… 18

中 篇 小农户与现代农业的有机衔接 ………………………………… 23

第三章 小农户与现代农业有机衔接的机理分析 ……………… 25
第一节 小农户与现代农业有机衔接的前提 ………………… 25
第二节 小农户与现代农业有机衔接的内在机理 …………… 28

第四章 小农户与现代农业有机衔接的现状 …………………… 39
第一节 小农户与现代农业的衔接模式及取得的成效 ……… 39
第二节 小农户与现代农业衔接过程中存在的问题及原因 …… 46

第五章 小农户与现代农业衔接的案例分析——以山东省为例 53

第一节 山东省小农户与现代农业衔接的基本情况 53

第二节 山东省小农户与现代农业衔接实践对我们的启示 70

下 篇 新型农业经营主体带动下小农户与现代农业的有机衔接 83

第六章 新型农业经营主体带动下小农户与现代农业有机衔接的分析框架 85

第一节 新型农业经营主体的类型 85

第二节 不同主体带动小农户与现代农业衔接的优势 89

第三节 嵌入性理论指导下小农户与新型农业经营主体的衔接机制 99

第七章 新型农业经营主体面临的困境与案例思考 115

第一节 新型农业经营主体面临的共同困境 115

第二节 新型农业经营主体促进小农户与现代农业有机衔接的案例思考 121

第八章 研究结论与对策建议 133

第一节 研究结论 133

第二节 小农户与现代农业有机衔接的总体思路 136

第三节 小农户与现代农业有机衔接的主要建议 154

附 录 167

参考文献 175

上篇

中国小农户生产经营活动

党的十九大报告明确提出,要"构建现代农业产业体系、生产体系、经营体系,完善农业支持保护制度,发展多种形式适度规模经营,培育新型农业经营主体,健全农业社会化服务体系,实现小农户和现代农业发展有机衔接"。新型农业经营主体也因此得到迅速发展,对我国粮食安全和农业现代化发展具有重要的推动作用。随着农业技术的发展、农村土地制度的改革、乡村农业政策的调整,传统农业不断向现代农业转变,小农户经营模式也不断发展变化。因此,积极地对我国小农户的生产经营工作进行研究,探究小农户经营规模变化及其影响机理,对促进小农户与现代农业的有机衔接,实现小农户现代化转型具有重要意义。

第一章 小农户生产经营理论概述

第一节 相关概念解析

为了对小农户与现代农业有机衔接的基本情况进行深入研究，处理好小农户与现代农业之间的关系，推进我国农业现代化进程，有必要对相关概念进行解析与深入了解。

一、小农户

小农户主要是指除了规模经营以外的各类小规模农业生产经营家庭（主体）。在我国的农业经营主体中，小农户所占比例相对较高。但是，在农业生产经营活动中，小农户对土地拥有的权利主要是承包权和经营权，农村土地归农民集体所有。在农业生产经营活动中，由于我国的土地管理制度还不够完善，部分小农户的土地权利得不到有效保障。再加上我国人口基数较大，人均耕地面积较少，部分小农户的实际经营土地面积相对较小，且过于分散，难以将土地资源进行有效整合。随着时代的不断发展，当前阶段，我国小农户经营已经与传统农业经营有了较大的区别，已经由传统小农经济的自给自足的模式发展成通过市场进行农产品销售的模式。

　　小农户对我国农业发展仍然具有至关重要的战略作用，农业农村的现代化发展不能脱离小农户。进入21世纪之后，我国农业快速发展，我国的农业经营主体得到了极大的丰富，小农户作为重要的农业经营主体，在推动农业现代化发展过程中起到了积极作用，对推进我国农业现代化发展进程有着重要的作用和影响。第一，小农户数量众多，在我国农业生产经营活动中具有基础性地位，是粮食生产的主体。第二，农村具有较强的包容性和广阔的发展前景，小农户不仅可以从事农业生产经营活动，而且可以选择进城务工，为我国社会发展提供重要的人力资源，因此小农户也是保证社会稳定发展的重要基础。在一定程度上避免很多不良影响，进而能够在一定程度上保证社会的稳定发展。第三，因为农业与其他产业相比，整体收益较低，所以小农户在以家庭为单位进行小规模的农业生产经营方面具有一定的优势，再加上农民对土地具有天生的依赖感，小农户想要留在农村发展农业的意愿相对较强。同时，我国的农耕文化历史悠久，农业生产经营活动复杂，一代又一代的小农户在农业生产经营活动中积累了丰富的种植生产经验，这在一定程度上也是对我国农耕文明的传承。

二、现代农业

　　现代农业是在现代工业和现代科学技术基础上发展起来的农业。随着我国工业化进程的不断加快，社会分工越来越细，传统的以农民和手工劳动为基础的农业逐渐向专业化、分工精细化发展，社会化程度越来越高。中华人民共和国成立后，我国对农业发展进行了深入研究与探索，相关的研究也越来越深入。从最初阶段的提升农业生产力，到推进农业的科学化和现代化发展，我国对农业发展的要求越来越高。随着时代的不断进步，现代农业的特征也发生了一定程度的改变。现阶段，现代农业的特征主要体现在以下四个方面：

从技术层面来看，现代农业属于技术密集型产业，其发展离不开科学技术的支持，通过不断加大技术投入，能够在一定程度上保证农产品质量不断提升，进而为农业生产环境的改善提供良好的基础。从制度层面来看，市场经济体制是现代农业发展的制度基础。和传统农业相比，现代农业具有市场化、商品化等特征，受市场调控影响。推进农业现代化发展，离不开市场经济的发展，也离不开政府必要的干预，只有这样才能为农业发展提供必要的保障，保证农业生产经营活动稳定有序地进行。从经济层面来看，现代农业不仅具有明确的分工，而且生产效率非常高，涉及农业生产、农业销售、农业运输等多项工作，显然已经形成了立体化的发展格局。从生态层面来看，新时代的现代农业还应该是绿色农业，要以节约资源和保护环境为基础推进农业发展，保证在低耗的基础上实现高产，构建可持续发展的生态化农业，实现农业的生态化发展以及人与自然的和谐相处。

发展现代农业，促进小农户与现代农业的有机契合，需要以我国实际情况为基础，遵循我国农业发展的客观规律，坚持以科学发展的理念为指导，在考虑不同地区现实环境差异的基础上，促进不同区域农业的发展，充分体现出各地区的优势，保证农业发展的安全，进而有效提升我国农业生产效益，实现经济和生态的协调发展，最终在实现农业现代化发展的同时，实现农业的可持续发展。

三、小农户与现代农业发展之间的关系

从现阶段我国农业发展的实际情况来看，以家庭为单位的小农户生产经营依然是我国最主要的农业生产经营模式，小农户也是主要的农业生产经营单位。推进小农户与现代农业的有机衔接与融合的过程，从本质上来说就是推动小农户实现现代化发展的过程。因此，必须处理好小农户与现代农业发展之间的关系。

通过对我国农业生产经营活动的历史变迁进行分析可以发现，以小农户家庭为单位进行农业生产经营活动具有非常悠久的历史。从发展历史来看，小农户一直是从事农业生产经营活动的主体。中华人民共和国成立之后，虽然加大了土地改革力度，有效地推动了土地制度的改革，让越来越多的农民实现了"耕者有其田"的梦想，但是在农业生产经营活动中，小农户仍然处于不利地位。20世纪80年代，家庭联产承包责任制开始在全国推广，家庭成为农业生产经营活动的主体，并且一直延续到今天。这种农业生产经营形式并不与农业现代化发展的规律相悖，反而在这一过程中呈现出强大的生命力和适应能力，它能够与各种土地制度相互结合并长期存在，所以在推进农业现代化发展的过程中，很难在短时间内对其进行彻底的改变。

历史发展的经验已经充分表明，以小农户为主体进行农业生产经营活动是合理的，是符合社会发展规律的，并且与我国人多地少的农业基本现状相吻合，是我国发展农业的必要方式。因此，我们需要正确认识小农户在现代农业体系当中所处的位置，并且处理好小农户与现代农业之间的关系，只有这样才能实现小农户的现代化发展。马克思和恩格斯在相关研究中明确强调，无产阶级在取得统治地位之后必然要实现土地公有制，并且会在这一基础上将所有农民组织起来，通过农业合作的方

式实行土地规模化经营，从而应对以家庭为单位进行分散经营时可能会面临的技术水平不高、机械设备落后等问题。然而在公有制条件下进行农业合作生产的具体形式仍然需根据实际情况进行不断实践。随着社会的不断发展，社会背景会逐渐发生变化，农业生产形式也需要通过不断变化来有效应对不断变化的发展需求。所以，马克思和恩格斯对于公有制条件下农业合作的具体形式到底是在保留个体农业经营主体的基础上将农民组织起来，还是利用农业合作经济组织取代个体农户的主体地位，并没有给出明确的答案。在改革开放之后，我国逐渐推行以家庭联产承包制为基础、统分结合的双层经营体制，这一制度的实行不仅肯定了个体农户在农业生产经营活动中的主体地位，同时还给予了个体农户充足的自由发展空间。在实行这一制度之后，我国农业取得了极大的发展和成就，这充分说明了我国实行农村双层经营体制的正确性。

在促进农业现代化发展的过程中，我们固然可以对美国的大农场发展模式进行学习和借鉴，通过对小农户进行兼并扩大土地面积，实现土地规模化经营，进而逐渐形成规模经济效益。但是，美国的大农场模式并不是实现农业现代化发展的唯一模式，在实现农业现代化发展的过程中，也不一定要以"消灭"小农户为代价。任何一个国家在实现农业现代化发展的过程中，都要以本国的实际情况为基础，遵循自身农业发展的规律，当然也要遵循农业发展的一般性规律，只有这样才能制定出既符合自身实力和发展需求，同时又与历史文化传统相互结合的制度。以我国为例，我国在实现农业现代化发展的过程中，充分尊重我国"大国小农"的基本国情和社会主义社会的本质，没有盲目学习西方资本主义国家土地私有化的农业发展道路，而是在坚持土地集体所有制的基础上，将分散的小农户集中组织起来，通过政府和市场的引导，促进小农户的现代化发展，帮助农民实现共同富裕。这样的农业发展道路不是对马克思主义小农经济理论的否定，而是在对其进行批判和继承的基础上，最终走出的一条符合我国国情的农业现代化发展道路。

第二节　理论基础

与小农户和现代农业有机衔接有关的理论主要包括马克思的土地流转理论、现代农业理论以及系统理论等，这些理论能够为我国农业的现代化发展奠定更加坚实的科学理论基础。

在农业生产经营活动中，土地是非常重要的生产资料，尤其是考虑到我国人多地少的基本国情，所以在农业生产经营活动中，土地的重要性尤为明显。然而从当前阶段来看，在我国农业生产经营活动中，土地资源并没有得到充分合理的利用。所以，如何积极在农村地区进行土地流转、进一步优化农村土地资源配置，对我国农业现代化发展具有重要作用。土地流转的目的是扩大农业经营规模，进而在一定程度上降低单位产品生产成本，最终实现生产效率的提升。所以，研究土地流转理论，对我国土地制度的发展和完善具有非常积极的作用。本书的研究主要以马克思土地流转理论中的产权理论和规模经济理论为基础，下面将对这两种理论进行简要的说明。

一、产权理论

在研究土地流转的过程中，需要重点对马克思的产权理论中的所有制和所有权进行研究，充分认识到所有制和所有权之间的联系与区别。

在马克思看来，所有制主要是指人们在从事相关生产活动的过程中，占有生产资料的一种经济制度，所有权则是所有制关系在法律层面的表现形式，是对生产资料归谁所有的权利的一种保护。由此可见，所有制是所有权的基础，所有制对所有权具有决定性作用，所有权能够为所有制提供法律层面的保障，与所有权相关的活动都需要以所有制为基础。比如在农村地区，土地所有权就是以土地所有制为基础的。只有认识到土地所有制这一基础，才能发挥土地所有权的作用。但是，所有权又会对所有制产生一定的反作用。通过积极进行土地流转，能够帮助更多的农民行使对土地的经营权，在我国的具体实践中可以发现，农村地区的土地流转需要建立在劳动力转移的基础上。

由于我国目前的土地制度还需要进一步完善，再加上缺乏规范的工作流程，农村地区的土地的实际流转工作还存在一些不足，这些问题的存在无疑给土地流转工作的开展带来了很大的负担。因此，我们需要在坚持土地集体所有制的基本前提下，对马克思主义土地流转理论中的产权理论进行深入研究，进一步细化小农户的土地权利，明确不同主体的责任和义务，让所有的权利主体可以在这一过程中行使好各自的权利。只有充分对农民的土地权益进行保障，才能在农村地区为土地流转工作的开展创建一个良好的环境，进而保证土地流转工作的顺利开展，实现土地资源的优化配置。

二、规模经济理论

在推进小农户与现代农业有机衔接、实现我国农业现代化发展的过程中，最重要的一步就是扩大农业生产经营规模。因此，对规模经济理论进行研究十分必要。规模经济是指随着生产技术条件的不断发展，逐渐扩大生产经营规模，进而降低单位产品的生产成本，最终实现经济效益的提升。大规模的生产与协作，是社会劳动生产力发展到一定水平的结果。所以，在实现大工业发展、提升生产经营规模时，必须积极促进劳动生产率的提升，同时实现劳动组织的分工与协作，进而实现生产资料的集中采购，做到成本节约和利益最大化。马克思认为小块土地所有制按其性质角度来说是排斥社会劳动生产率发展的，因为在劳动力不断发展的过程中，会逐渐实现社会资本的积累，进而导致规模不断扩大。农业领域的传统经营模式必然会逐渐被以技术为基础的科学经营模式代替。所以需要不断扩大生产规模，加强生产供给与销售的协作，这样才能实现资本扩张，进而逐渐降低生产成本，获得更高的收益。

具体到我国的农业生产经营活动中，需要明确的是：在不断扩大农业生产规模时，可能会出现规模经济，也可能会出现规模不经济。由此可见，农业的规模经济需要在固定的区间和条件下才能实现。如果不能优化配置不同的生产要素，就无法提高各种资源的利用率，无法降低单位生产成本，就无法产生规模经济。尤其是在我国，不同地区的农业资源差异相对较大，再加上部分地区丘陵、山地相对较多，导致我国耕地碎化现象十分严重。因此，在发展农业时既需要考虑到小农户，又需要坚持规模经济理论的指导。所以，要推动我国农业规模化发展，推动农业现代化发展进程，就需要根据不同地区的实际发展情况，尊重各地区的客观条件，只有这样才能保证我国农业实现规模化发展，实现经济效益的最大化，同时又不损害小农户的个人利益。

第二章 小农户的经济特征与生产经营行为

小农户是我国农业经营的主体,在经历了长时间的发展之后,小农户已经拥有了非常深厚的发展基础,并且逐渐形成了自身独有的特征。因此,在研究小农户与现代农业衔接过程中存在的问题时,首先要对小农户本身的性质、生产经营行为及其特征进行研究,进而把握小农户融入现代农业经营主体的困境,紧紧抓住小农户与现代农业在衔接过程中面临的现实问题,为促进小农户与现代农业的有机衔接奠定良好的基础。

第一节 小农户的经济特征

在对小农户的经济性质进行研究的过程中,不同学者由于研究的对象处于不同时间和地点,所以呈现出来的研究结果也存在一定的区别。通过对不同社会经济条件下的小农户进行研究可以发现,小农户在长期生存和发展的过程中逐渐形成了规避风险、维持自身基本权益等观念,同时还具有一定的有限理性,在农业生产活动中会按照地缘关系维系的秩序进行相关活动。通过对相关学者的研究成果进行梳理可以发现,小农户具有以下几种经济特性:

一、逐利性

小农户本身就是独立的经济主体,他们参与农业生产经营活动本身就是为了获取利益,因此会在农业生产经营活动中通过各种措施促使自身利益最大化。通过对不同发展阶段的小农户进行研究可以发现,当他们处于不同的发展阶段时,其逐利性也会呈现出不同的表现形式。在农业生产经营活动中,小农户会权衡利弊并作出决策,以保证自己的利润最大化。美国经济学家西奥多·舒尔茨通过研究完全竞争的要素市场和家庭剩余劳动力提出,小农户是利润最大化的理性经济主体,并非常明确地表示自给自足的小农户具有更强的适用性。最重要的是农产品既可以用于销售,又可以用来进行家庭消费。所以对于小农户来说,进行农业生产活动非常符合其利益最大化的需求。

从目前我国小农户的发展情况来看,小农户本身的逐利性主要体现在其对家庭经济收入的追求方面。他们从事农业生产活动,不仅仅是为了满足自身的消费需求,他们也会以市场需求为导向促进农产品的商品化发展,提升农产品本身的附加值,进而增加自己的经济收入。

二、避险性

在从事农业生产经营活动的过程中,风险是影响小农户生产经营决策和最终收益的重要因素。小农户生产经营活动面临的风险包括自然风险、市场风险、人为风险等多种类型。风险具有极强的不确定性,会对小农户的生产经营活动造成影响,进而导致小农户的利益受到损害。因此,小农户本身对于风险非常关注,对新品种、新技术的选择保持高度谨慎,会通过兼业的方式来保证自己有一个相对稳定的收入,避险性也成为小农户的一个重要特征。2002年诺贝尔经济学奖丹尼尔·卡尼曼和美国行为科学家阿莫斯·特沃斯基在《前景理论：风险决策分析》中对损失厌恶[①]的概念进行了阐述。他们表示，人们面对相对积极的前景时，会自然地出现规避风险的心理倾向；但是面对消极的前景时，人们则会因此产生风险寻求的倾向。由此可见，逐利性和避险性之间是相互联系的。

三、有限理性

有限理性是指介于完全理性和非完全理性之间的在一定限制下的理性。小农户的有限理性主要是指小农户能够根据自身的特点和掌握的信息，对相关农业行为进行调整，进而保证成本最低和收益最大。我们通过研究发现，小农户在从事农业生产经营活动时，会根据个人喜好以及个人价值观对未来农业生产情况进行预测，进而保证个人利益能够实现最大化，这便是小农户有限理性的重要体现。但是在不确定的条件下，人们的思维和判断会出现偏差，这是因为人们会使用简单的类比方式进行判断，这种方式导致人们无法对信息进行深入挖掘，进而使个人判断受到限制，最终导致决策失误。

由此可以发现，小农户的理性是有限的。具体来说，导致上述情况的原因主要有两个方面：其一，小农户的个人认知能力有限，并且对外部信息不够了解，导致其在进行决策时无法根据实际情况作出最优决策。即使小农户作出的决策在当时来看是最优的，也并不代表其在具体实施的过程中能够获得最大的利益。其二，小农户的决策还会受到其自身社会关系的影响。因为自身特殊的地缘关系，小农户在社会生活中需要遵守一定的规则，在农业生产经营活动中也必然会受到社会交往以及相关矛盾的影响。

---

① 损失厌恶是指人们面对同样数量的收益和损失时，认为损失更加令他们难以忍受。

第二节 小农户的生产经营行为

一、规模经营行为

小农户的规模经营行为主要是以小规模经营为主。在农业生产活动中，土地是最基本的生产要素，然而小农户在生产经营活动中，由于受到土地资源的限制，通常只能进行小规模和分散化的农业经营。这与我国地域辽阔，但是可以利用的土地资源却相对较少的国情有很大关系。根据中华人民共和国自然资源部在 2021 年 8 月公布的数据[①]可知，我国总耕地面积为 19.179 亿亩，仅次于美国和印度，排在世界第三位，但是我国人口众多，人均耕地面积排在世界第 126 位，远远低于世界平均水平。从我国耕地的分布情况来看，64% 的耕地分布在秦岭—淮河以北。在农业生产过程中，土地碎片化问题仍比较突出。在土地承包过程中，为了尽可能地保证土地分配公平，大多采用远近搭配和好坏搭配的分配方式，这在一定程度上导致农村地区的土地分散问题比较严重。

二、兼业行为

我国农业生产经营活动中的代际分工现象比较明显，这也成为小农户参与劳动的主要方式。这里的代际分工主要是指中老年人留在家中从事农业生产经营活动，青壮年则外出务工增加非农收入。但是由于公共

---

① 详见《第三次全国国土调查主要数据公报》。

服务和社会保障体系不够完善，众多小农户并不愿意完全放弃自己承包的土地而专注务工，农业兼业化的情况也因此而出现。

三、资金借贷行为

在农业生产经营活动中，小农户的借贷方式主要是亲友借贷。由于收入有限，小农户在农业现代化发展过程中缺乏强大的技术要素购买能力，但是在经济转型发展和农业现代化发展过程中又离不开资金和技术的投入。因此，小农户对于资金的需求会逐渐增加。由于小农户的农业生产活动具有季节性特点，借贷期限相对较短，银行等金融机构在为小农户提供资金的过程中需要消耗的前期成本又相对较高，再加上自身融资、借贷的能力和渠道十分有限，导致小农户短期借贷的难度较高，进而面临融资困难等问题，最终大多只能依靠向亲戚朋友借贷来实现资金周转。同时，在以血缘关系为纽带形成的社会关系中，小农户之间的信任度相对较高，借贷风险相对较低，因此向亲戚朋友进行借贷成为小农户偏好的一种借贷方式。

四、技术采用行为

目前，小农户对于新技术的接纳程度和使用意愿仍然有限，这种情况已经受到我国经济学家和社会学家的关注。在生产实践过程中，由于受到客观条件的影响和制约，传统农业生产技术具有较强的适用性，小农户也因此对传统农业生产技术比较依赖，在新技术的选择和使用上比较保守，从而出现了现代农业生产技术使用不足的问题。在小农户与新型农业经营主体融合发展的过程中，农业技术服务的对象主要是发展相对成熟的新型农业经营主体，比如种植大户或者龙头企业。这是因为从客观情况来看，农业技术服务在服务内容、服务时间、服务频率等方面，与小农户的农业生产经营活动不匹配，进而导致小农户在农业生产发展的过程中逐渐被边缘化，生产性服务的相关矛盾也越来越突出，很多小农户游离于政府和新型农业社会化服务体系之外。同时，农业社会化服务本身就与小农户自身需求之间存在一定的差异，这种差异导致农业社会化服务组织为小农户提供的服务并不能有效满足小农户自身的需求，也无法有效帮助小农户解决其在农业生产经营活动中遇到的困难。

五、农产品销售行为

小农户通常会在满足自身需求的基础上进行农产品销售，从而获得更多的经济收入。然而一直以来，小农户的农产品销售方式都比较单一。

随着社会的不断发展，小农户的农业生产力得到了提高，小农户自身与市场之间的联系也逐渐紧密。小农户对于农产品的处理方式发生了改变，但核心仍然是以满足自家需求为基础。小农户进行农产品销售的方式主要有两种，一种是自己运输农产品，然后直接销售给消费者，这种销售方式只适合小量农产品的销售，如果农产品的数量较大，则小农户很有可能会因为对市场信息了解不足而导致供需失衡。另一种是"农户—批发商—消费者"的销售方式，即将农产品卖给批发商，由批发商进行销售。批发商作为中间商能够加强小农户和消费者之间的联系，但是在这一交易环节中，小农户的交易地位始终处于劣势。农产品销售链的延长，会导致信息的流通时间不断增加，交流成本也会随之增长。在这样的环境下，小农户获取消费者需求信息的难度更大。

除此之外，随着电子商务的兴起，近年来出现了一些新的农产品销售方式：利用电商平台进行农产品销售，如网上商城、社区团购等；开设农民专卖店，是一种新的农产品营销模式，在城市和乡村均可设立，主要销售农民自产的农产品，或者经加工制作而成的各种农副产品；超市销售：如一些大型超市会直接从农民手中采购农产品，并销售到消费者手中，这种销售方式与"农户—批发商—消费者"的销售方式类似；农家乐农产品直销：一些风景区、乡村旅游区和休闲农业区域，通常会提供本地农产品直销服务，农户可以将自己的农产品直接销售给游客或顾客。

六、协作互助行为

随着小农户的独立性的增强，以及经济理性思维的影响，小农户的合作意识也受到了很大影响，但是在小农户的农业生产经营活动中，协作互助的行为仍然存在，并发挥着重要的作用。2023年1月，国家乡村振兴局、中央组织部、国家发展改革委、民政部、自然资源部、住房城乡建设部、农业农村部印发《农民参与乡村建设指南（试行）》，提出要"发挥村规民约规范约束作用，将农民参与乡村建设纳入村规民约，鼓励通过投工投劳、捐款捐物、志愿服务等多种方式参与乡村建设"。各地依据该指南，结合实际制定了实施办法，并取得了一定成效。小农户之间的协作互助行为，不仅有助于小农户抢抓时节，提高农业生产能力，解决农业生产劳动力不足的难题，又有助于增强小农户的团结合作意识，为小农户积极参与乡村建设提供渠道。

第三节 小农户与现代农业衔接过程中存在主体行为困境的表现

小农户与现代农业衔接过程中的主体行为主要是指小农户在面对农业发展困境时，为了实现节本增效，在农业生产经营活动中采取的相关行为与决策。显然，小农户的行为决策会受到其主观意愿以及外部环境因素的双重影响。因此，下文主要从小农户的主体行为的角度，对小农户与现代农业衔接过程中存在困境的表现进行分析。

一、小农户自主经营动力不足

小农户自身的规模经营行为会受到其风险规避行为以及外部环境的影响。因此，小农户在从事农业生产经营活动的过程中，大多会通过多样化的经营方式来达到风险分散的目的。由于小农户的生产经营行为同样具有较强的逐利性和避险性等特征，因此当通过外出务工获得的收入高于其农业收入，同时物资成本又逐渐增加时，其进行农业生产经营活动的动力会逐渐下降。同时，在进行土地流转和推进农业规模化生产的过程中，为了保护耕地的数量和土地的质量，享受农村土地补贴的政策越来越严格，而且相关政策的施行效果有待提高。虽然大规模的土地流转不会增加小农户自身的生产成本，但是因为土地流转过程中具有一定的不确定性，所以小农户不愿意投入到生产经营活动当中。由于多种因素的影响，小农户在规模经营过程中往往会出现动力不足的问题。

二、小农户兼业行为明显

随着城镇化的飞速发展，以及农业机械化水平的不断提高，农村农业生产效率得到了一定提升，农村剩余劳动力也因此出现。同时，农业具有季节性明显、生产周期长以及劳动过程和生产过程不一致等特点，而且对农户来说，保有土地是一种较为可靠的生活保障和一笔不断增加的财富，所以部分小农户出于风险规避的心理，会选择通过兼业的方式来丰富自己的经济收入渠道。大量农村劳动力向城镇转移，并且开始从事第二产业和第三产业的工作。另外，小农户具有一定的从众特征。小农户的兼业行为会对他人造成一定的影响，进而引发其他小农户的相互模仿和追随，导致区域内的小农户兼业行为出现的比例不断增加。如今，小农户的兼业行为已经成为促进部分地区农村经济稳定发展的重要方式，但是有些地区的小农户兼业行为也导致了农业生产的粗放化和低效率。所以，如果不能在农业生产经营活动中尽可能地避免不确定的风险，并且为农村居民提供稳定的社会保障和医疗服务，那么小农户兼业的情况必然会长期存在。

三、资金需求没有得到有效满足

随着农业现代化发展进程的不断推进，小农户的借贷需求也愈加强烈，小农户的资金需求与农业生产活动一样呈现出季节性的特征，而龙头企业、种植大户、合作社、社会化服务组织等新型农业经营主体逐渐出现，为解决小农户的资金问题提供了新的思路。但是从根本上来说，资本向农村地区的流入，并不仅仅是为了帮助小农户增加收入，而是为了获得更高的利润。所以，小农户资金需求无法得到有效满足的问题仍然没有从根本上得到解决，甚至还对小农户自身的利益造成了损害。

四、新技术使用方面面临困难

虽然新技术的使用能够在一定程度上帮助小农户增加收益，但同时也会面临一定的风险。从技术的应用与推广来看，大多数小农户的风险规避意识比较强，所以在技术推广的过程中，他们参与的积极性并不高，而是大多保持着持续观望的态度。有学者通过研究发现，人们在面临可能产生的收益以及可能造成的损失时，损失给人们带来的痛苦要远远大于收益给人们带来的快乐。因此，小农户在新技术的使用上，往往会比较理性和谨慎。再加上很多地区的农村劳动力存在年龄偏高、文化水平较低、思想观念落后等问题，因此他们学习和掌握新技术的速度较为缓慢，导致他们在农业生产经营活动中不能根据实际情况及时进行调整。在多种因素的影响下，小农户使用新技术的水平仍然有待提升。

五、小农户独立融入市场难度较高

小农户个人的销售行为会受到市场交易情况的影响，尤其是在选择交易产品和交易方式的过程中，由于市场交易信息随时都在发生改变，小农户的个人认知能力有限且存在一定的偏差，所以很多小农户无法根据实际情况及时进行交易调整，很多小农户会因为市场信息的不对称而出现个人提供的农产品无法满足市场需求的情况，最终导致小农户无法迅速融入交易市场。在农产品交易过程中，小农户始终处于交易关系中比较弱势的一方，再加上小农户自身的契约意识相对薄弱，所以很容易产生违约行为。此外，小农户自身的加工能力有限，无法有效增加农产品的附加值，大多数情况下只能对农产品进行粗加工进而直接销售，从而导致其获取利益的方式和手段非常有限。这些情况都严重影响了小农户融入交易市场的进程。

六、小农户之间的互助关系难以建立

通过以上内容可以发现,小农户作为以家庭为单位的独立主体,在农业生产经营活动中会将追求家庭经济收入的最大化作为主要目标。因此,小农户具有明显的追求短期利益和规避风险等特点。再加上小农户长期处于以血缘关系和地缘关系为纽带形成的社会关系中,所以其会受到一定的社会秩序与道德规范的约束。小农户之间的协作互助关系需要在此基础上,由有关部门或带头人积极引领、共同建立。然而在很多地区,农村青壮年劳动力会选择外出务工,以此来获取更高的经济收入,这就导致在农村地区从事农业生产活动的劳动力老龄化现象严重,这部分劳动力思想观念比较传统,对小农户协作互助大多持观望的态度,而且通过协作互助的方式进行农业生产活动能够取得的成效也很有限。所以他们投工投劳、协作互助、参与乡村建设的积极性并不高。因此,在这些地区开展和推进小农户劳动合作事务的难度较高,小农户自发形成互助关系的可能性则更小。

中 篇

小农户与现代农业的有机衔接

第三章　小农户与现代农业有机衔接的机理分析

小农户与现代农业相互兼容，这也在一定程度上体现出小农户与现代农业之间相互接纳并且实现有机衔接的可能性。从小农户与现代农业相互衔接的机理来看，二者有机衔接是符合小农户发展规律的。在实现小农户与现代农业有机衔接的过程中，要以现代农业的基本体系为衔接点，有效提升农业生产效率，并将其当作小农户现代化发展的重要衡量标准。

第一节　小农户与现代农业有机衔接的前提

要实现小农户与现代农业之间的有机衔接，首先要处理好小农户与现代农业之间的关系。在推动小农户现代化发展的过程中，客观地认识小农户在现代农业发展体系中的地位和作用，准确把握好小农户与现代农业之间的发展关系，明确二者的衔接机理，是有效促进小农户与现代农业发展有机衔接的必经之路，对此本书在上篇第一章第一节中有所说明，此处不再赘述。此外，要明确小农户与现代农业有机衔接的前提，即二者之间的兼容性。

小农户与现代农业相互兼容是两者能够实现有机衔接的重要前提。在判断小农户与现代农业是否兼容的过程中，最重要的一个标准就是小农户是否可以接纳现代农业的生产要素，以及是否能够利用现代农业生产方式进行生产经营活动。通过进行研究、比较可以发现，当前的小农户与马克思主义语境下的小农并不相同，马克思主义理论提到的小农是指传统社会的小农生产方式，与之相适应的是自给自足的自然经济。新时代背景下的中国小农户是指以家庭为主体进行农业生产经营活动的一种小规模经营形式，二者不能一概而论。在促进小农户与现代农业有机衔接的过程中，首先要对二者有一个清晰的认知。从根本上来说，现代农业生产方式是以商品经济为基础的，所以在促进小农户与现代农业有机衔接的过程中，需要保证小农户的农业生产经营行为符合商品经济的发展规律。从实际情况来看，当今时代的小农户不仅已经初步具备现代农业生产的基本要素，而且在一定程度上已经参与到社会大生产当中，成为社会主义市场经济体系的一个重要组成部分。

从生产力的角度来看，小农户在从事农业生产经营活动的过程中，已经摆脱了以人力和畜力为主要的劳动手段的情况，并且对机械设备的依赖性更强。通过比较可以发现，与大型农场使用的大型农业机械设备相比，小农户使用的大多是中小型设备。同时，农业社会化服务正在不断完善，很多小农户会选择土地托管或者代耕代收的方式（将农业生产活动承包给新型农业经营主体）进行农业生产活动。

从农业技术角度来看，传统小农户在进行农业生产经营时，更加依赖个人的生产经验，而如今，我国的农业生产技术水平已经得到了有效提升，越来越多的小农户在进行农业生产经营活动时，会主动使用现代农业科学技术，比如在进行粮食种植时，很多小农户逐渐舍弃自留种，开始选择并购买优良品种。很多小农户在施肥时会采用测土配方施肥的方法，以此来保证肥料充分发挥作用。如今，在农业生产活动中，很多小农户注重科学技术的应用，因为他们认识到了应用农业技术的重要性，也明白技术手段已经成为提升农业生产效率的内在驱动力。随着农业科学技术的不断创新和发展，我国已经逐渐形成了多层次的农业技术推广体系，可以为小农户的农业生产活动提供良好的技术保障。

从农业生产关系的角度来看，随着社会主义市场经济体制的确立，小农户在从事农业生产经营活动时有了更高的自主权，并成为能够直接参与市场竞争的农产品经营者。另外，农产品市场法律体系已经建立并逐渐完善，农产品市场价格机制也已经形成，小农户作为现代农业市场体系的重要组成部分，他们的生产和销售行为必然也会受到农产品供求关系和价格机制的影响。总之，小农户以家庭为单位从事农业生产经营活动的模式，已经成为与市场联系紧密的一种现代化生产模式。比如，小农户在从事农业生产活动时，在产前阶段需要根据市场的供需变化来选择不同的农产品种类；在生产中间环节，小农户则需要利用市场机制获得相关的农业服务，包括消灭病虫害、合理使用化肥等。小农户还要根据市场行情的变化选择合适的机会进行农产品的销售。总而言之，小农户的农业生产经营活动与市场的联系更为紧密。小农户的农业生产经营活动不仅会受到自然风险的影响，还会受到市场风险的影响。随着时代的不断发展，市场风险对小农户农业生产经营活动造成的影响正在逐渐扩大。

在社会主义市场经济环境下，以家庭为单位从事农业生产经营活动的小农户已经逐渐脱离了传统小农经济的特征，呈现出商品经济的属性。小农户在从事农业生产活动时，也不再以满足家庭需求为主要目的，而更加注重通过商品销售获取经济收益。在这样的现实条件下，小农户不单单拥有农业生产主体一种身份，他们还是商品生产主体和市场经营主体。由此可以发现，小农户的农业生产经营方式与现代农业的内在要求具有一致性。小农户在农业生产经营活动中不仅需要利用必要的现代农业生产要素，而且需要保证农业生产具备一定的商品化或者市场化特征，体现了小农户与现代农化之间相互兼容的特点。

第二节 小农户与现代农业有机衔接的内在机理

从理论层面对小农户与现代农业衔接的基本内涵、衔接点、衔接的动力机制等内容进行研究，能够为小农户与现代农业的有机衔接提供良好的基础，进而把握好小农户与现代农业有机衔接的内在逻辑，促进小农户与现代农业的有机衔接。

一、小农户与现代农业有机衔接的基本内涵

在促进小农户与现代农业有机衔接的过程中，首先要保证两者的有机衔接是符合客观规律的衔接。在马克思主义政治经济学理论当中，有机衔接代表着农业生产关系要适应农业生产力发展要求的基本规律，这是因为农业的现代化是一个动态的发展过程，两者在衔接的过程中，生产力必然呈现出一定的发展趋势，所以小农户与现代农业的有机衔接必须与生产力的发展需求相适应。然而在农业生产经营过程中，小农户在农业生产规模化、标准化等方面依然存在一些问题，这些问题在一定程度上限制了小农户的现代化发展。在农业现代化发展进程中，部分小农

户很难满足社会化大生产对社会分工协作以及农业生产资料聚集的内在要求。所以，要想在这样的情况下推进小农户与现代农业的有机衔接，就需要在生产力层面将现代农业的生产要素和经营理念合理地应用到小农户的农业生产经营上，从而有效地促进小农户农业生产经营模式的现代化转型与发展。此外，相关部门还要在生产关系层面积极创新市场交易机制、市场联结机制和经营组织模式，在此基础上将分散的小农户组织起来并形成一定规模；在生产方式层面，逐渐用现代农业生产经营方式代替落后的农业生产经营方式，有效解决小农户与社会化大生产之间的矛盾。

有机衔接是有目的性的衔接，要以小农户与现代农业兼容的特点为基础，在两者衔接的过程中求同存异，逐渐解决各类问题，最终保证小农户与现代农业的平衡发展。在推进小农户与现代农业有机衔接的过程中，要发挥小农户、衔接对象、衔接工具之间的协同作用。从相关主体的关系来看，有机衔接是小农户与新型农业经营主体共同进行农业生产经营活动的过程，在这一过程中要保证不同主体的利益，即实现不同主体的共赢。总之，在进行有机衔接的过程中，需要充分尊重小农户的主体地位，以人民为中心进行衔接，只有这样才能有效保证有机衔接的效果，推进农民农村共同富裕。因此，在促进小农户与现代农业有机衔接的过程中，需要保证衔接的各项活动都能够维护小农户的基本权益，并且要始终坚持小农户的主体地位，只有在此基础上对小农户进行组织管理，并且选择合适的衔接模式，才能充分将小农户嵌入现代农业发展体系当中，进而促进小农户的发展，让小农户享受到现代农业的发展红利。

有机衔接还要具有成长性、整体性的特征。小农户与现代农业的有机衔接是指小农户要与现代农业进行有机融合，而不是机械地将两者联系在一起。促进小农户与现代农业的有机衔接，首先要保证小农户和现代农业的共同发展，其次要保证有机衔接的整体性，因为农业现代化发展离不开小农户的现代化发展，最后使小农户实现由传统农户向现代农户的转型，提升小农户从事农业生产经营活动的水平，最终构建一个小农户与现代农业相互统一、共同发展的格局。

二、小农户与现代农业的基本衔接点及选择

小农户与现代农业有机衔接的本质是事物之间的连接，而事物之间不论是进行直接连接还是进行间接连接，都需要根据两者的衔接位置确定，衔接位置对应的基点就是衔接点。衔接点的选择将会对两者衔接关系的发展以及最终的衔接成效产生最为直接的影响。所以，在小农户与现代农业有机衔接的过程中，两者衔接点的选择问题会对小农户嵌入现代农业发展体系的成效产生直接影响。我国现代农业体系包括现代农业生产体系、现代农业经营体系和现代农业产业体系三个主要部分。因此，小农户与现代农业可以将现代农业的三大体系作为基本衔接点进行衔接。

首先，从现代农业生产体系的角度来看，现代农业生产体系代表了我国农业生产力的发展水平，因此在进行现代农业生产体系建设时，有必要积极引入现代农业生产要素，充分发挥现代农业生产要素的作用，推动我国农业生产方式的变革与创新。在小农户有机嵌入现代农业生产体系的过程中，需要认识到现代农业生产要素的重要性，并且发挥现代农业生产要素的纽带作用，进而保证农业生产要素可以有效提升小农户的农业生产能力。具体来说，就是在小农户分散经营的情况下，鼓励承包农户依法采取转包、出租、互换、转让及入股等方式流转承包地，从而将土地经营权有序流转到当地种田专业户手中，这样不仅能够有效实

现土地规模化经营，而且能够有效提升土地资源的利用效率。对于那些有务农意愿的小农户，则需要对他们进行积极引导，将其发展为新型农业经营主体。同时，还需要培育专业的新型农业社会化服务主体，为小农户从事农业生产经营活动提供专业的社会化服务，帮助小农户在农业生产经营活动中降低农业生产成本，获得更高的收益。

其次，从现代农业经营体系的角度来看，现代农业经营体系是现代农业组织化水平、市场化水平和社会化发展水平的直接体现。所以，积极完善创新农业生产经营体制，促进现代农业生产经营体系的建设，能够更好地解决"谁来种地""怎么种地"的问题。小农户是最基本的农业经营主体，要实现小农户的农业现代化发展，更需要利用好现代农业经营体系，实现小农户与新型农业经营主体之间的衔接。通过积极培育新型农业经营主体和服务主体，在新型农业经营主体的引导下坚持现代化农业经营模式，为小农户提供完善的社会服务，要充分利用好利益联结机制这一着力点，构建一个完善的复合型现代农业经营体系，有效提升小农户的组织化程度和市场化程度，逐渐帮助小农户解决话语权不足、对抗风险能力较差等问题，逐渐化解小农户和大市场之间存在的各种矛盾。

最后，从现代农业产业体系的角度来看，现代农业产业体系是农业现代化发展过程中体现农业整体发展水平的重要标志。现代农业产业体系的构建，需要从横向发展和纵向延伸两个角度进行，既要积极延长农业产业链，增加农产品的附加值，又要有效提升农业的综合竞争力，稳定农业收益。从现代农业生产体系、现代农业经营体系和现代农业产业体系之间的内在联系来看，现代农业产业体系不仅是现代农业生产体系和现代农业经营体系发展水平的最直接体现，还是现代农业发展的重要内容。所以，小农户与现代农业的有机衔接其实就是小农户借助不同形式嵌入现代农业产业体系的过程。在这一过程中，小农户既可以按照农业全产业链标准保证原料的品质，又可以按照生产基地的标准控制产品质量，进而满足现代农业产业对农产品标准的基本要求。总而言之，在现代农业产业链当中，小农户是一个非常重要的环节。所以，在农业现代化发展进程中，必须意识到小农户在农业产业体系中的重要作用。

三、小农户与现代农业有机衔接的衡量标准

在促进小农户与现代农业有机衔接的过程中，还需要设置合理的衡量标准，从而对小农户与现代农业的有机衔接情况进行准确的判断，并且将小农户与现代农业有机衔接的程度予以准确的体现。随着乡村振兴战略的推进与实施，提升农业现代化水平和实现小农户与现代农业的有机衔接，已经成为实现中国特色社会主义农业农村现代化的重要路径。因此，在这一过程中确定科学合理的衡量标准至关重要。科学的衡量标准，不仅有利于从形式上判断小农户与现代农业是否实现了有机衔接，还有利于从最终的结果上判断小农户与现代农业在衔接过程中是否实现了协同发展。本书认为，可以从效率标准和成长标准两个方面衡量小农户与现代农业是否衔接成功。

首先，在效率标准方面，农业的现代化需要以农业劳动生产率作为重要的衡量指标。农业劳动生产率通常每年计算一次。在农业生产过程中要考查农业劳动生产率，就只能计算农业劳动效率[①]指标。一般说来，劳动效率高，可以节约劳动时间，加速农业工作进度，从而会增加农业

---

① 农业劳动效率是指完成各项农业工作的数量与劳动消耗量的对比关系。有两种表示方法：一种是单位劳动时间完成的农业工作数量，另一种是完成单位农业工作消耗的劳动时间。

产量，提高农业劳动生产率。但是，农业劳动效率的高低与农业劳动生产率的高低可能不一致，所以不能用农业劳动效率来代替农业劳动生产率。农业劳动效率只能间接地说明农业劳动生产率的情况，故亦称农业劳动生产率间接指标。

从我国农业现代化发展的相关内容来看，不论是中华人民共和国成立初期强调的农业现代化发展要实现农业的机械化、化学化、水利化和电气化，还是改革开放之后强调的农业现代化要实现农业机械化、科学化、商品化、专业化、集约化，本质上来说都是对不同农业生产要素提出的具体要求，都是以解放和发展农业生产力为核心的。从世界农业现代化发展的规律来看，在农业现代化发展过程中，要么是利用农业现代化生产方式提高农业劳动生产率，要么是合理利用自然资源实现农业可持续发展。在国民经济体系当中，农业是最基本的物质资料生产部门。所以，要实现农业的现代化发展，最根本的就是要提高满足人们基本物质生活需求的劳动生产率。为了保证劳动生产率，在进行劳动生产时，既要满足当代人的需求，同时又不能影响后代的发展，这就要求劳动生产率具有可持续性。在小农户与现代农业有机衔接的过程中，要以帮助小农户实现农业现代化为基本目标，但其核心仍然是引导小农户走上具有中国特色的现代化农业发展道路。所以，在衡量小农户与现代农业有机衔接程度的过程中，需要以效率标准作为衡量标准。

从成长标准这一方面来看，小农户能否通过与现代农业的有机衔接，提升自身的农业生产经营能力，解决当前阶段小农户与现代农业发展有机衔接过程中存在的矛盾，也是衡量小农户与现代农业能否实现有机衔接的重要标准。从我国的农业发展情况来看，小农户与现代农业发展之间存在的矛盾主要体现在两个方面：第一个方面是小农户必将长期存在的基本国情。要实现农业现代化发展，必须进行土地流转和规模化经营，而小农户的存在必然会对土地规模化经营造成一定的阻碍。第二个方面是小农户是家庭承包经营的基本单元。以家庭承包经营为基础、统分结合的双层经营体制，是我国宪法确立的农村集体经济组织的经营体制，需要长期坚持并不断完善，然而在农业现代化发展过程中，仍有部分人认为实现农业现代化发展要以牺牲小农户为代价。解决这两个矛盾的核心就是促进小农户与现代农业的有机衔接，带动小农户的现代化发展。在我国，小农户是党的重要依靠力量和群众基础。党始终把维护农民群众根本利益、促进农民共同富裕作为出发点和落脚点。近年来，我国以习近平新时代中国特色社会主义思想为指导，坚持小农户家庭经营为基础与多种形式的适度规模经营为引领相协调，加快构建扶持小农户发展的政策体系，加强农业社会化服务，提高小农户生产经营能力，提升小农户组织化程度，改善小农户生产设施条件，拓宽小农户增收空间，维护小农户合法权益，促进传统小农户向现代小农户转变，让小农户共享改革发展成果，并取得了一定成绩。但是在这一过程中，农业规模化经营与小农户经营之间存在的发展不平衡问题也更加明显，这一情况进一步加剧了小农户发展不充分的问题，甚至成为影响农业现代化发展的重要因素。因此，能否保证小农户在多元主体共治的情况下，充分发挥其内在动力，进而利用现代农业发展过程中的不同要素，释放自身潜力、发挥自身优势，实现自身发展，就成为小农户与现代农业有机衔接的一个衡量标准。

四、小农户与现代农业有机衔接的动力机制

通过对小农户与现代农业有机衔接的载体进行研究可以发现，有机

衔接通常表现为小农户与现代农业发展过程中的新型农业经营主体之间的衔接。在市场经济体制下,小农户作为遵循经济理性的市场参与者,之所以会选择与新型农业经营主体进行衔接,最主要的原因是小农户通过与新型农业经营主体之间的衔接能够促进流通环节的发展,从而有效提高自身的农业生产力和经营效率,进而提高自身的收益,甚至有可能通过与新型农业经营主体的有机衔接,实现农业产业链的整体优化,促进整个农业产业链的发展。因此,在小农户与现代农业有机衔接的过程中,由于能够为小农户带来增益,新型农业经营主体成为促进小农户与现代农业有机衔接的内在动力。在小农户与现代农业有机衔接的过程中,新型农业经营主体的参与能否产生增益以及产生增益的大小如何,产生的增益是否具有持续性以及增益分配是否公平合理等,都会影响小农户与现代农业有机衔接的稳定程度。

在小农户与现代农业有机衔接的过程中,小农户能够获得增益,首先是资本社会化的结果。因为在小农户与现代农业衔接的过程中,小农户自身获得收益的方式得到了一定程度的丰富,比如新型农业经营主体通过对小农户分散经营的土地进行承包,有效地集聚了土地资源,并在将农业资源进行整合之后进行农业生产,在一定程度上实现了适度规模经营。其次是农业生产规模化的结果。通过小农户与现代农业的有机衔接,新型农业经营主体可以将小农户有效地组织到一起,并将其纳入现代农业生产体系,从而实现农业的规模化发展。这样不仅可以在农业生产环节实现土地规模化经营,而且能够有效推动现代农业生产方式的应用,有效提升农业生产各个环节的效率。另外,分工的社会化也能够为小农户带来一定的收益。在小农户与现代农业有机衔接的过程中,新型农业经营主体能够充分发挥自身的引领作用,引导小农户融入现代农业生产体系当中，有效提升小农户自身的农业技术水平，同时有效增强小农户自身抵抗风险的能力。在这一过程中，小农户可以通过提供劳动力的方式参与到集体化的农业生产经营活动当中，在获得分红的基础上获取更多的收益。最后是人力资源积累的结果。小农户与现代农业的有机衔接，不仅能够促进小农户农业生产经营方式的专业化和标准化发展，而且能够促进新型农业经营主体、新型农业服务主体和农村人力资源的有机结合，同时有效提升小农户自身的综合素质，促进小农户由传统农民向现代新型职业农民转变。

当然，新型农业经营主体也能够在这一过程中获取增益。第一，新型农业经营主体通过参与小农户与现代农业的有机衔接，能够充分发挥自身在农业生产经营环节中的比较优势。因为农业经济的特殊性质，新型农业经营主体在从事农业生产经营活动时不得不面临劳动质量监督困难和考核成本较高等问题，而每一个小农户家庭都是由少量成员构成的一个利益整体，长期的相处，使家庭成员非常了解彼此的实际劳动能力和努力程度，这样新型农业经营主体就可以缓解农业生产经营活动中成员（或劳动力）之间信息不对称的问题，提高劳动质量监督效率，有更多的时间和精力开展其他工作。同时，新型农业经营主体在对劳动力进行监督和考核时，也可以以家庭为单位进行内部考核，这样不仅能够降低考核成本，还能够解决成员之间因相互竞争而导致的农业生产效率不高的问题。第二，新型农业经营主体能够在这一过程中迅速联合小农户，进而形成规模经济优势。新型农业经营主体可以对分散的小农户进行组织和统一管理，比如龙头企业可以实行多元化订单农业模式，在维持小农户原有的分散经营模式的基础上，对小农户生产的农产品进行统一收购和加工，进而在短时间内形成规模效益。龙头企业在使用这种模式时，还能够在保证小农户收益的前提下以较低的价格进行初级农产品的收购，有效降低原材料的收购成本。由此可见，小农户与现代农业进行有机衔接，不仅能够为小农户带来增益，而且能够为新型农业经营主体带来增益，而且在这一过程中，新型农业经营主体可以充分发挥自身积累的优势。当然，为了保证现代农业的可持续发展，并且充分激发小农户与现代农业有机衔接的积极性和主动性，新型农业经营主体有必要在这一过程中最大限度地保证小农户的个人利益，让小农户能够直观地感受到与现代农业有机衔接所带来的利益。

第四章 小农户与现代农业有机衔接的现状

第一节 小农户与现代农业的衔接模式及取得的成效

小农户与现代农业的有机衔接将会对乡村振兴战略的推进产生至关重要的影响。因此，各级政府和有关部门积极响应党和国家的号召，不断深化农业供给侧结构性改革，积极培育新型农业经营主体，促进小农户和现代农业发展有机衔接，以保证相关工作能够有效落实。然而从实际工作情况来看，我国地域辽阔，不同地区的农业发展状况存在着较大的差异，所以在推进小农户与现代农业发展有机衔接的过程中，需要使用的方法也有所不同。通过相关研究和总结分析，本书认为可以通过以下两种模式促进小农户与现代农业的有机衔接。

一、小农户与现代农业衔接的主要模式

（一）土地流转型的规模化经营模式

通过土地流转实现农村土地的集约化利用，提高土地利用效率，是

实现农业规模化经营和促进农业现代化的一种主要模式。根据修订后的《中华人民共和国农村土地承包法》和自2021年3月1日起施行的《农村土地经营权流转管理办法》，土地流转方式有以下三种：出租（转包）、入股或者其他符合有关法律和国家政策规定的方式流转土地经营权。承包方可以采取出租（转包）、入股或者其他符合有关法律和国家政策规定的方式流转土地经营权。出租（转包），是指承包方将部分或者全部土地经营权，租赁给他人从事农业生产经营；入股，是指承包方将部分或者全部土地经营权作价出资，成为公司、合作经济组织等股东或者成员，并用于农业生产经营。土地流转工作应按照依法、自愿、有偿的原则进行。

通过小农户自发进行土地流转一般是出于自愿。这部分小农户没有选择外出务工，而是选择将全部精力放在农业生产经营上。因此，他们可以通过土地流转将土地资源进行整合，进而扩大经营规模。这部分群体能够通过规模化经营有效提升家庭收入。此外，培育新型农业经营主体是推进土地流转的重要抓手，而通过培育新型农业经营主体进行土地流转离不开政策上的支持和帮助。对此，《关于促进小农户和现代农业发展有机衔接的意见》（以下简称《意见》）已经给出了明确建议。《意见》指出，要完善小农户扶持政策：第一，稳定完善小农户土地政策。建立健全农村土地承包经营权登记制度，为小农户"确实权、颁铁证"。落实农村承包地所有权、承包权、经营权"三权"分置办法，保护小农户土地承包权益，及时调处流转纠纷，依法稳妥规范推进农村承包土地经营权抵押贷款业务，鼓励小农户参与土地资源配置并分享土地规模经营收益。规范土地流转交易，建立集信息发布、租赁合同网签、土地整治、项目设计等功能于一体的综合性土地流转管理服务组织。第二，强化小农户支持政策。对新型农业经营主体的评优创先、政策扶持、项目倾斜等，要与带动小农生产挂钩，把带动小农户数量和成效作为重要依据。充分发挥财政杠杆作用，鼓励各地采取贴息、奖补、风险补偿等方式，撬动社会资本投入农业农村，带动小农户发展现代农业。对于财政支农项目投入形成的资产，鼓励具备条件的地方折股量化给小农户特别是贫困农户，让小农户享受分红收益。第三，健全针对小农户的补贴机制。第四，提升金融服务小农户水平。第五，拓宽小农户农业保险覆盖面。目前，针对小农户发展的政策体系正在不断完善，政府为小农户提供的支持也越来越多元化，有效地加速了小农户的现代化发展与转型。

土地流转型的规模化经营模式在全国各地都具有典型的应用案例。在农村地区，村集体可以通过分类将土地划分为自耕地和流转地两种类型，自发地进行家庭农场的培育。如今，这种模式已经通过土地流转形成了一定的规模，并在农业现代化发展过程中取得了良好的效果。有很多进行土地流转规模化经营的农村地区，借助社会环境的变化，加快推进自身的转型升级，积极地对土地进行整合，有效地解决了农村地区土地碎片化和分散化的问题。在各类政策的扶持下，以小农户为基础发展起来的种植大户和家庭农场都得到了极大的发展。

（二）服务带动型的规模化经营模式

服务带动型的规模化经营模式主要是指向不同农业经营主体和小农户提供多元化的农业服务与帮助，满足小农户农业生产经营需求，帮助小农户解决农业生产经营过程中面临的各种困难和问题，进而实现农业现代化发展的一种模式。现阶段，进行农业社会化服务的方式主要包括两个方面：一是提高新型农业经营服务主体的农业社会化服务能力，二是培育新型农业服务主体。近年来，由于国家政策的扶持，新型农业经营主体得到了飞速发展，这些新型农业经营主体具备了一定的农业社会化服务能力，他们可以为小农户提供农业生产、农业知识传授、农产品销售等服务，为小农户的农业现代化发展增加了众多新要素。然而，要想提高新型农业经营服务主体的农业社会化服务能力，还需要不断健全面向小农户的社会化服务体系，不断完善服务体系，创新服务方式，把先进的生产技术、生产模式带到田间地头。具体可以采用以下措施：

第一，发展农业生产性服务业。大力培育适应小农户需求的多元化多层次农业生产性服务组织，重点发展小农户急需的农资供应、绿色生产技术、农业废弃物资源化利用、农机作业、农产品初加工等服务领域；搭建区域农业生产性服务综合平台；创新农业技术推广服务机制。

第二，加快推进农业生产托管服务。创新农业生产服务方式，鼓励各地因地制宜选择本地优先支持的托管作业环节，不断提高农业生产托管在小农户服务中的覆盖率；加强农业生产托管的服务标准建设、服务价格指导、服务质量监测、服务合同监管，促进农业生产托管规范发展；等等。

第三，推进面向小农户产销服务。推进农超对接、农批对接、农社对接，支持各地开展多种形式的农产品产销对接活动，拓展小农户营销渠道；完善农产品物流服务，支持建设面向小农户的农产品贮藏保鲜设施、田头市场、批发市场等，加快建设农产品冷链运输、物流网络体系，建立产销密切衔接、长期稳定的农产品流通渠道等等。

第四，加快农业大数据、物联网、移动互联网、人工智能等技术向小农户覆盖，提升小农户手机、互联网等应用技能；推进信息进村入户工程，建设全国信息进村入户平台，为小农户提供便捷高效的信息服务；支持培育一批面向小农户的信息综合服务企业和信息应用主体，为小农户提供定制化、专业化服务；等等。

第五，丰富小城镇服务小农户渠道。实施以镇带村、以村促镇的镇村融合发展模式，将小农户生产逐步融入区域性产业链和生产网络；引导农产品加工等相关产业向小城镇、产业园区适度集中，强化规模经济效应，逐步形成带动小农户生产的现代农业产业集群；提升小城镇服务农资农技、农产品交易等功能，合理配置集贸市场、物流集散地、农村电商平台等设施；等等。

二、小农户与现代农业衔接取得的成效

通过进行土地流转取得的成效主要体现在以下三个方面：一是促进了新型农业经营主体发展，二是完善了农业基础设施，三是丰富了农业社会化服务内容。

（一）新型农业经营主体快速成长，带动小农户农业现代化发展

随着我国对农业重视程度的不断提高，近年来各地均对土地流转工作进行了积极探索和落实。很多地区通过土地流转，不仅将荒地有效利用起来，促进了土地的规模化发展，而且培养了一批新型农业经营主体。在政策支持以及发展环境不断优化的背景下，这些新型农业经营主体得到了迅速发展，不断壮大，在农业现代化发展过程中已经成为重要的先锋队。一些发展良好的新型农业主体具有雄厚的实力，并在农业现代化发展过程中展现出较大的优势。比如新型农业经营主体中的种植大户和家庭农场，他们在农业生产领域具有榜样作用，不仅是农业现代化发展中的主要力量，而且能够对小农户起到良好的引导作用。

据《山西农民报》2022年10月21日刊载的文章显示，截至2021年，

山西培育发展家庭农场 5.99 万个，培训新型职业农民 59.2 万人，大力扶持发展农机户和农机服务组织，有效提升了小农户发展能力；国家、省、市、县四级农业产业化龙头企业发展到 2 272 家、农民专业合作社 9.46 万家，龙头企业和合作社辐射带动了 50% 以上的农户，大幅提高了小农户组织化程度；全省建立农村集体经济组织 4.6 万多个，发展各类农业社会化服务主体 3.2 万个，为全省 820 余万农户提供产前、产中、产后服务，有效摆脱了小农户的经营困境。

此外，农民合作社、龙头企业等新型农业经营主体也不断发挥积极作用。农民合作社可以将新型农业主体与小农户进行有机融合，促进彼此之间的信息流通，并在农业生产经营活动中，为普通小农户提供多方面的帮助，为小农户带来更多的经济效益。合作社在这一过程中能够充分发挥自己的组织与管理作用，促进小农户之间的合作，有效弥补分散经营存在的不足。龙头企业的产业链相对完整，同时具有较大的市场。在农业现代化发展过程中，龙头企业能够向市场提供各种高端的农业产品，并对小农户进行积极的引领。农业社会化服务组织可以在小农户进行农业生产经营活动的过程中为其提供多方面的服务与支持，帮助小农户解决在生产经营过程中可能会面临的各种问题，为小农户的现代化发展提供有效的保障。

新型农业经营主体的出现和发展有效解决了部分地区以往的土地荒废、小农户耕种困难、收入偏低等问题，同时展现出自身在农业现代化发展过程中所具有的引领作用。

（二）农业基础设施和新型农业社会化服务体系不断完善

农业农村基础设施是建设农业强国、推进乡村全面振兴的重要物质基础，在增强食物保供能力、带动基础产业发展、畅通城乡经济循环等方面发挥着重要作用。因此，在农业现代化发展过程中，农业基础设施的建设与完善是一项至关重要的工作。通过推进农业基础设施建设能够有效推动农村农业发展，实现农业现代化。通过进行土地流转，能够有效实现农村农业土地规模的扩大，这也进一步对农业基础设施的建设提出了更高的要求。近年来，不论是在农田水利基本建设方面，还是在农产品物流设施建设方面，我国都取得了较好的成绩，有效地推进了农业现代化发展的进程。例如，为充分发挥组织优势，保障全镇春耕备耕工作顺利进行，石坝镇聚焦"产业提质、农业增效、农民增收"的目标，深入田间地头送政策、送技术、送服务，同时协调水利部门对老旧水渠进行修复改造，合理安排水库拉闸放水的时间，为春耕备耕保驾护航。据《广西日报》刊载的文章显示，2022年，广西继续推进农产品产地冷藏保鲜设施建设项目，截至2022年底，实际开工建设仓储保鲜设施1 480个，竣工仓储保鲜设施1 238个，建成仓储库容约77万立方米。

近年来，有关部门及各地新型农业经营主体瞄准农业社会化服务领域，不断提升农业社会化服务能力和水平。根据农民日报社《2022新型农业经营主体发展评价》课题组研究形成的《2022中国新型农业经营主体发展分析报告—中国农民合作社》显示，有关部门始终坚持为成员服务的宗旨，不断提升服务能力和水平，谋求全体成员的共同利益。2021年，500强农民合作社服务带动能力处于发展前列，社均服务带动农户数达2 201户，其中东部地区社均服务带动农户数最多，达到3 251户，服务类农民合作社平均服务带动农户数为2 772户。500强农民合作社还把服务弱势群体特别是脱贫户摆在重要位置，社均服务带动脱贫户160户，其中西部地区社均带动脱贫户数量最多，达到了172户。依托当地主导产业、优势产品，组织农户开展专业化生产、规模化经营，不断做大合作社"蛋糕"，同时通过农资采购和农产品销售中的价格优惠以及二次返利等在分"蛋糕"过程中让农户获得实惠，在促进农民增产增收方面发挥了重要作用。

如今，新型农业经营主体涉及的领域已经逐渐从生产领域拓展到农业服务领域。社会化服务范围逐渐从大宗农产品向果菜茶等经济作物拓展，从种植业向养殖业等领域推进，从产中向产前、产后等环节及金融保险等配套服务延伸，社会化服务对农业全产业链及农林牧渔各产业的覆盖率和支撑作用不断增强。在新型农业经营主体的参与下，小农户在生产经营过程中面临的多种困难得以解决，新型农业经营主体在农业社会化服务当中的作用越来越突出。

第二节 小农户与现代农业衔接过程中存在的问题及原因

一、农业资源与环境的约束

农业生产经营活动和农业本身所处的自然环境具有密切联系。在进行农业生产的过程中，需要注重天时与地利，并在此基础之上寻找适合农业发展的方式方法。农业资源是否丰富，将对农业生产经营活动造成直接影响，要想促进小农户与现代农业有机衔接，就必须考虑农业资源与环境因素。随着农业改革工作的不断开展和推进，我国在农业领域已经取得了较大的成就。从农业发展的实际情况来看，我国仍存在农业资源总量大、人均占有量小、各地农业环境差异较大、地区之间发展不平衡等问题。因此，要加快我国现代农业发展，一方面要提升农产品总产量，解决人口数量不断增加、人口与资源矛盾突出的问题。另一方面，还需要解决农业现代化发展过程中环境严重破坏的问题。在农业生产经营过程中，如果不能有效解决过度开垦、滥用农药化肥等问题，就无法平衡环境保护和农业发展之间的关系，最终导致农田贫瘠、水资源污染和自然环境破坏严重，甚至会导致耕地沙漠化现象加剧。这些都是农业现代化发展过程中会面临的现实问题，同时也是制约农业现代化发展，以及小农户与现代农业有机衔接的重要因素。

二、食品消费升级明显

改革开放之后，我国粮食产量不断增加，人们对粮食的要求也不断提高。2023年4月，"2023中国农业展望大会"在北京召开，会上发布了《中国农业展望报告（2023-2032）》（以下简称报告）。报告指出，2022年，我国农业农村改革发展取得明显成效，稳住了基本盘，夯实了压舱石，为经济社会大局稳定提供了基础支撑。粮食逆境再夺丰收，产量再创历史新高，粮食和重要农产品供给安全基础持续稳固。随着中国经济持续增长和居民收入不断提高，消费升级趋势明显，农产品需求总量刚性增长伴随消费结构快速升级，居民膳食结构优化加快推动农产品消费由粮菜为主向多样化转变。如今，我国粮食安全和食物保障已经发展到保障每个居民基本营养需要的新阶段。随着时代发展和消费观念的更新，食品健康、安全治理水平的提升，人们开始追求食品消费的享受性和饮食质量，人们的饮食习惯逐渐从吃饱变成吃好，再变成吃得健康。在食品消费需求的影响之下，人们的食品消费结构也发生了一定的改变。食品消费的升级对农业生产和发展提出了更高的要求，在进行农产品生产的过程中，不仅需要保证农产品生产的周期，还要保证农产品的种类多样、品质优良。因此，人们对绿色农产品和有机农产品的需求不断增加。然而，这类农产品，尤其是绿色优质农产品在生产、经营上存在更高的风险，这也在一定程度上导致国内粮食供给结构失调。因为在实际的农业生产经营活动中，由于缺乏加工能力，农作物的生长要遵循一定的自然规律的综合作用，农产品本身的附加值往往无法提升，即使是优质的农产品也卖不出高价，进而无法保证收益的稳定性，使进行小规模生产的小农户面临的生产和转型压力不断增加。

三、农业社会化服务水平相对较低

党的二十大报告强调，要"巩固和完善农村基本经营制度，发展新型农村集体经济，发展新型农业经营主体和社会化服务，发展农业适度规模经营"。但总体来看，我国当前农业社会化服务水平仍相对较低，原因在于：其一，很多地区的农业社会化服务队伍庞大，但人才不足。虽然政府不断加大农业科技人员的培养，但是目前来说数量仍不能满足需求，服务机制僵化，科技服务水平不高；农民科技文化素质较低，农村缺乏能够支撑现代农业发展的较高素质的劳动者。不同农业经营主体在生产经营活动中面临的问题不同，比如在农业生产过程中缺乏基本的配套设施、农业生产资料的购买、农产品销售、资金支持、技术推广等，在面临这些问题时，仅仅依赖农业经营主体个人的力量和经验是无法有效解决的，这时就需要加大对各类农业经营主体培训的力度，由掌握专业知识、专业技术的人员为其答疑解惑，予以科学指导。然而，很多地区目前尚未形成一支整体素质优秀、服务能力过硬的农业社会化服务队伍。其二，农业社会化服务是不同农业经营主体在从事农业生产经营活动中所需要的、直接的社会化服务，然而实际上，部分地区的服务机制并不适应小农户生产经营和农业现代化发展有机衔接的需要，如服务的层面只停留在镇乡级上，服务指导多通过以会代训的方式进行。其三，农业社会化服务市场不规范，市场监管力度不够，存在不规范经营、渠道混乱等现象。其四，服务质量不高，公益性服务较少，服务功能弱化，无法在小农户从事农业生产经营活动的过程中为其提供强有力的支持，不能满足小农户在农业生产经营活动中的实际需求，加上小农户主动接受服务的积极性不高，导致农业社会化服务效果不明显，由此限制了小农户与现代农业的有机衔接。因此，我们需要更新服务理念，创新服务方式，运用教育、交流、咨询、提供信息等形式，帮助小农户作出农业生产、经营等方面的科学决策，提高小农户接受服务的积极性、主动性，在此基础上不断提升农业社会化服务的整体水平，为农业经营主体提供多方面的帮助与服务，进而解决小农户在农业生产经营过程中存在的各种问题，引导小农户走上正确的现代化农业发展之路。

四、现代农业产业体系还不够健全

现代农业产业体系是集食物保障、原料供给、资源开发、生态保护、经济发展、文化传承、市场服务等产业于一体的综合系统，是多层次、复合型的产业体系。现代农业产业体系是衡量农业整体素质的一个重要标准，对农业现代化发展具有重要意义。上海交通大学农业与生物学院教授、博士生导师曹林奎在其发表的题为《我国现代农业产业体系的构建》的论文中指出："现代农业既是一种基础产业，又是一种战略性产业。我国建设现代农业，需要开创农业产业化的道路，实现农产品生产、加工、销售的一体化，使农业经济由单一经济转向综合经济，产品输出由初级产品转向深加工产品，从而使现代农业从弱质产业变成具有强大活力的优势产业。"由此可见，要想促进农业现代化发展，构建现代农业产业体系和完善农业产业链很有必要。

从近些年我国农业产业的发展情况来看，我国在农业产业体系建设方面已经取得了一定的成效，而且农业产业领域也得到了有效拓展，农业产业链得到了延伸，并且因此形成了一定的优势。但是和农业发达的国家相比，我国在农业产业体系建设方面仍然有待进步。从现实情况来看，我国农业产业体系的建设面临着内外部多种因素的影响和制约，我国现阶段的农业产业体系建设水平与预期的目标仍有很大差距。首先，由于国内庞大的人口基数叠加消费结构不断升级，我国粮食需求将继续呈刚性增长，粮食供需紧平衡将成为长期态势，但产需平衡压力有所缓解。其次，受市场因素的影响，我国的粮食产量无法充分满足市场需求。已经公布的海关数据显示，2021 年我国粮食进口总量首次突破 1.6 亿吨，达到 1.645 4 亿吨；2022 年全年我国累计进口粮食 1.468 72 亿吨，同比降低 10.7%，大豆依然是占比最大的进口品种，但是大豆、玉米等饲粮进口数量正在减少。根据中华粮网发布的内容可知，近五年我国粮食进口数量和金额变化情况（如图 1 所示）和 2022 年 1 月至 11 月我国粮食进口比例（如图 2 所示）。最后，由于我国部分地区的农产品物流体系还不够完善，导致农业产业的流通水平较低，无法促进买卖双方的信息畅通，因此不能建立长期稳定的买卖关系；等等。这些都是现代农业产业体系还不够健全的表现。

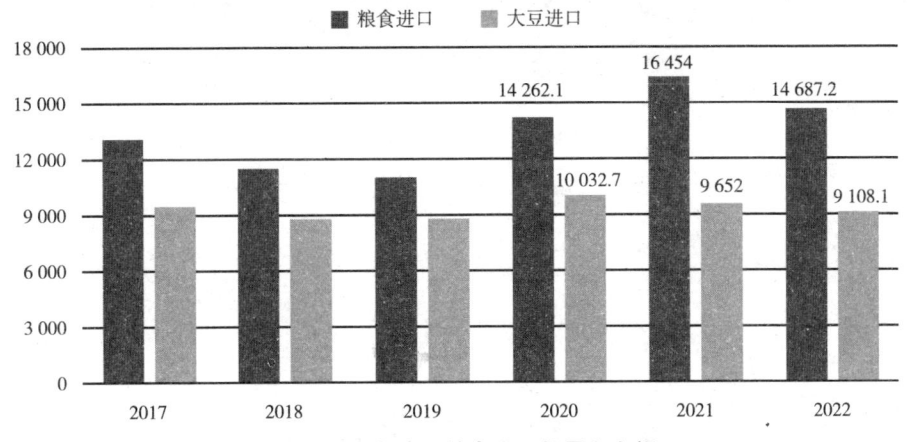

图 1 近五年我国粮食进口数量和金额

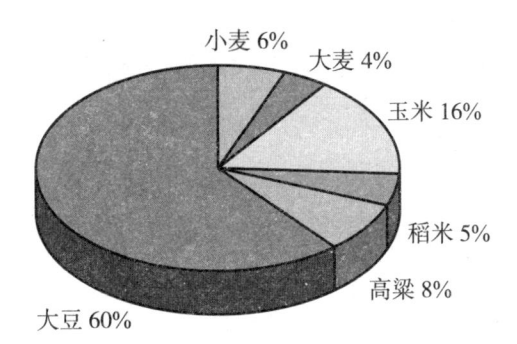

图 2 2022年1月至11月我国粮食进口比例

第五章　小农户与现代农业衔接的案例分析
——以山东省为例

第一节　山东省小农户与现代农业衔接的基本情况

一、山东省农业的基本情况

当前，我国农业农村现代化进程正在不断推进，相关数据也在不断变化，本书在研究小农户与现代农业发展有机衔接的过程中使用的数据，一方面来自相关部门发布的权威数据，另一方面是作者通过走访调查获得的数据。

（一）行政区划及地理条件

山东省位于我国东部沿海地区，自北而南与河北、河南、安徽、江苏四省接壤。截至2022年，山东省辖16个地级市，共58个市辖区、26个县级市、52个县，合计136个县级行政区，696个街道、1 072个镇、57个乡，合计1 825个乡级行政区。山东省近五年行政区划数据如图3所示。

山东省中部山地突起，西南、西北低洼平坦，东部缓丘起伏，地形以山地丘陵为主，东部是山东半岛，西部及北部属华北平原，中南部为山地丘陵，形成以山地丘陵为骨架，平原盆地交错环列其间的地貌，类型包括山地、丘陵、台地、盆地、平原、湖泊等多种类型；地跨淮河、黄河、海河、小清河和胶东五大水系；夏季昼长，高温多雨，冬季寒冷干燥，四季分明，属暖温带季风气候。

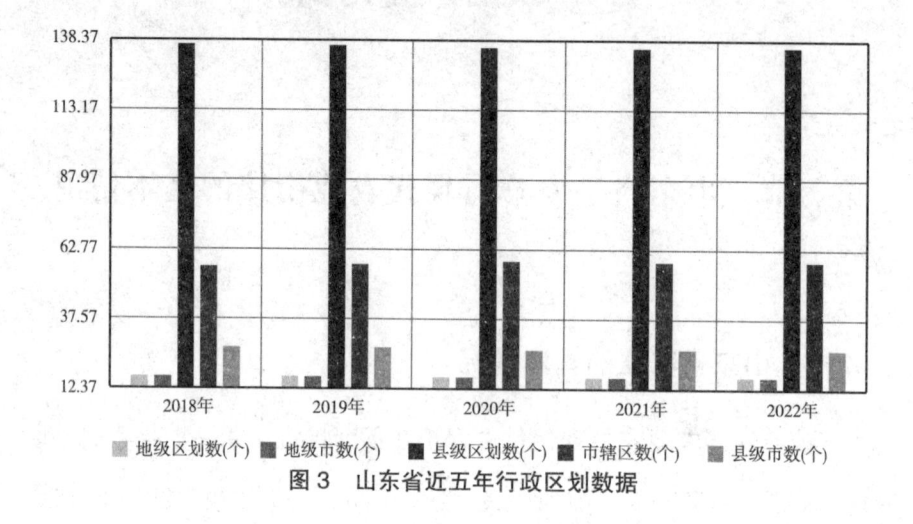

图3 山东省近五年行政区划数据

（二）人口及农业劳动力情况

山东省统计局发布的《2022年山东省国民经济和社会发展统计公报》显示，截至2022年末，山东省常住人口10 162.79万人。其中，0～14岁人口占总人口的17.86%，15～64岁人口占65.42%，65岁及以上人口占16.72%。常住人口城镇化率为64.54%，比上年末提高0.60个百分点。通过对以上数据和走访调查结果进行分析发现，山东省农业劳动力大多是50岁以上人群，农村人口老龄化、农业劳动力老龄化的问题非常明显。通过进行深入的研究可以发现，导致这一问题的原因主要包括两个方面：

一是农业带来的经济收入和乡村的条件有限，无法吸引青壮年参与农业生产；二是随着农业机械化水平的提高，农业生产所消耗的直接体力劳动越来越少，中老年人适应现代农业生成模式的能力逐渐提高。

（三）农业生产经营规模

山东省是我国的农业大省，也是我国优质小麦的主产省份之一，主要种植小麦、玉米、番薯等农作物。根据国家统计局2022年12月12日发布的2022年粮食产量数据及山东省统计局2023年3月2日发布的《2022年山东省国民经济和社会发展统计公报》，2022年，山东省农林牧渔业产值12 130.7亿元，按可比价格计算，比上年增长4.8%；全年粮食总产量为1 108.76亿斤，比上年增加8.62亿斤，增长0.78%，连续9年稳定在千亿斤以上，连续两年稳定在1 100亿斤以上。其中，夏粮总产528.32亿斤，比上年增加0.88亿斤，增长0.17%；秋粮总产580.44亿斤，比上年增加7.74亿斤，增长1.35%。山东省近五年主要农作物产品产量如图4所示；2018年至2021年山东省按人口平均的主要农产品产量如图5所示。

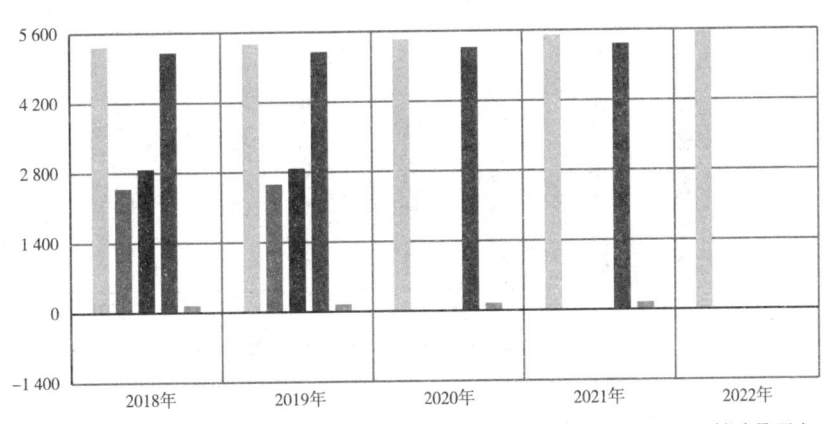

图4 山东省近五年主要农作物产品产量

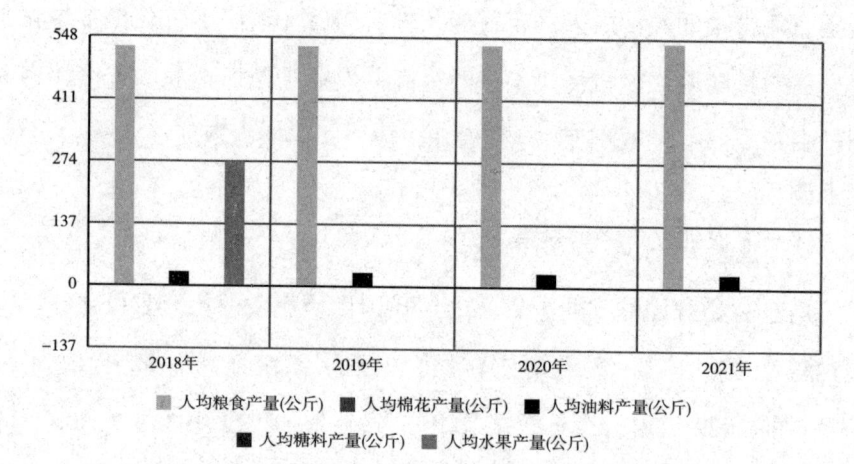

图5 2018年至2021年山东省人均主要农产品产量（按人口平均）

农业生产经营规模会主要受到土地数量以及劳动力数量两个要素的影响。在土地数量方面，2021年12月，山东公布第三次国土调查成果，数据显示山东省耕地面积为9 692.80万亩。2021年、2022年，山东全省耕地数量连续两年实现净增加。2018年至2021年山东省主要农作物播种面积如图6所示。

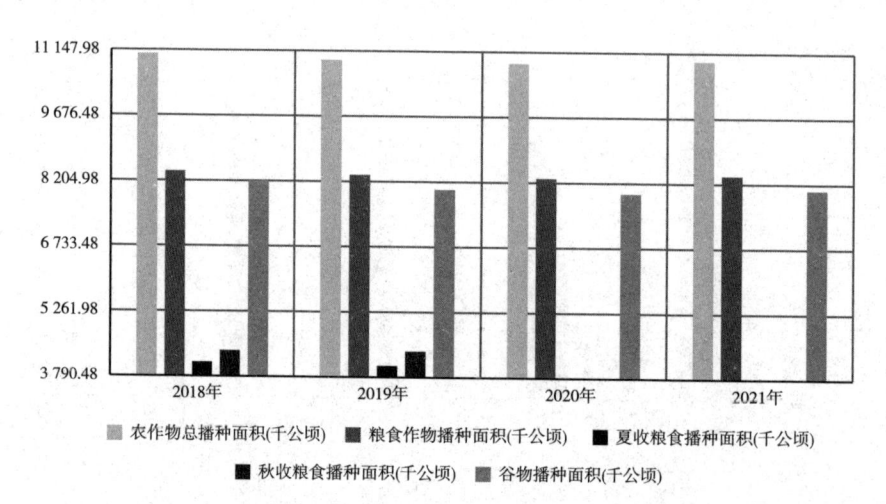

图6 2018年至2021年山东省主要农作物播种面积

第五章 小农户与现代农业衔接的案例分析——以山东省为例

在我国，以家庭为单位是农业生产经营活动的主要特点，山东省的农户大多是以家庭为主要的生产经营单位进行农业生产的，这在一定程度上制约了山东省小农户的农业生产规模。山东省中部山地地形凸起，西南、西北低洼平坦，东部缓丘起伏，以山地丘陵为主。因此，山东省虽然耕地率全国最高，农业增加值长期稳居各省第一位，但其不同区域、不同类型的耕地比重差异较大（如图7所示）。山东省由于地势起伏较大，耕地比较分散，不容易实现规模化生产与经营。同时，因为受到技术因素和市场因素等外部因素的制约，小农户很难在原有的农业生产经营模式的基础上突破自身的局限。这样一来，小农户自身生产效率、农作物产量、个人收益等都无法实现提升，从而进一步制约了小农户的规模化生产。长此以往，部分小农户就会陷入恶性循环的困难局面。在劳动力数量方面，如上文所述，山东省正面临着农村劳动力老龄化的问题。浙江大学环境与资源学院教授谷保静与周欣悦等通过调查超过15 000户农村家庭发现，中国乡村人口老龄化的程度加深正在导致小农户农场规模和产出的下降，以及农民收入的下降。[①]人口老龄化的程度加深对农业产业，特别是对小农户农业产业主导的地区提出了挑战。与年轻的农民相比，年龄较大的群体通常教育水平较低，不太能接受最新的农业生产方式，这种现实状况在一定程度上制约了农业生产经营规模的发展。

---

① 2023年2月23日，相关研究结果发表于《自然》杂志。

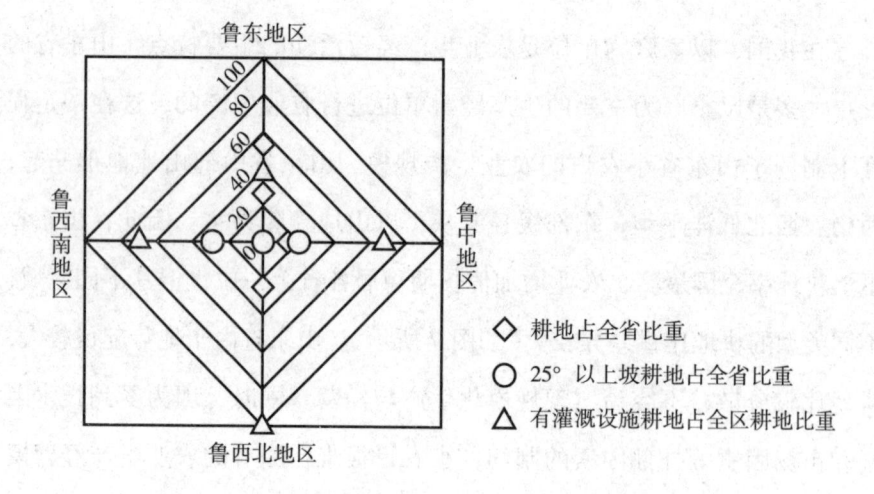

图7 山东省不同区域、不同类型的耕地比重示意图

（四）农业机械化水平

农业的机械化程度（此处主要从农业机械总动力、农用机械数量两个方面进行探讨）是衡量农业现代化发展水平的重要指标。《2022年中国统计年鉴》显示，2021年山东省的农业机械总动力为11 186.07万千瓦，占2021年全国农业机械总动力的10.4%左右，居全国首位。山东省的农业机械化程度相对较高，但是在人均方面仍有较大的发展空间。截至2021年末，山东省的小型拖拉机拥有量（台）占全国的11.5%左右，大中型拖拉机（台）及其配套农具（部）拥有量分别占全国的10.5%左右和12.6%左右。2018年至2021年山东省农业机械总动力变化情况即主要农业机械年末拥有量如图8、图9所示。2023年4月11日，全省农机化暨农机安全监管工作现场会在临沂市临沭县召开，会议总结了2022年全省农机化及农机安全工作，传达了学习全国农机化工作会议精神，充分肯定了2022年全省农机化系统取得的显著成效。2022年，山东省农

作物耕种收综合机械化率达到90.55%，畜牧水产养殖、林果业、设施种植、农产品初加工机械化率总体提升4个百分点。其中，农机化新技术新装备的推广应用发挥了极其重要的支撑和保障作用。

但是，在农业机械化水平和农作物耕种收综合机械化率不断提高的同时，也存在一定的问题。在实际的农业生产经营活动中，大多数小农户仍然需要通过租赁来使用机械设备进行作业。一方面，在小农户的生产经营模式下，土地规模相对较小，所以不利于大型机械设备的作业。另一方面，使用小型机械设备进行作业又无法保证生产效率，甚至会导致农产品的产量受到影响。虽然小型农用机械正在不断发展，但是对小农户来说，购买小型农用机械的成本仍然过高，而且他们每年使用小型机械的时间非常有限，机械基本处于闲置状态。所以在部分小农户看来，自己购买机械设备没有必要。正因如此，农用机械无法在部分农村地区得到广泛的应用和推广。由此可见，部分小农户在农业生产过程中无法充分享受到现代农业技术带来的便利，农业生产仍然以人力为主，农业现代化发展进程也会因此受到影响。此外，使用标准不明确和基础设施条件有限等问题，也在一定程度上制约了小农户的发展。

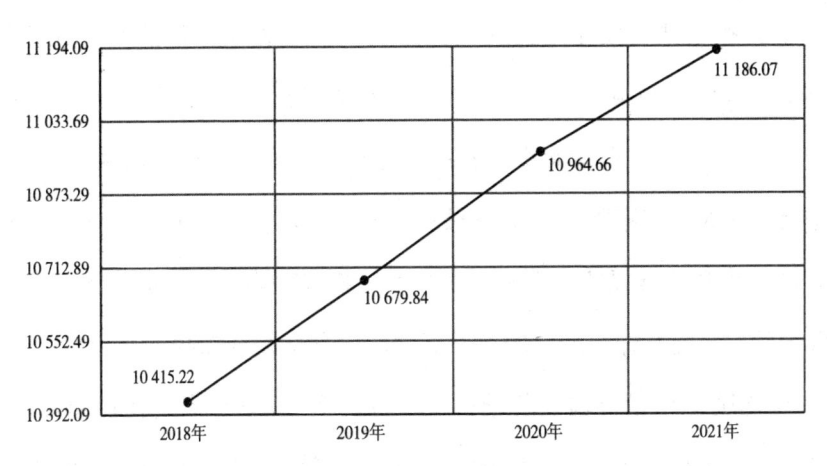

图8　2018年至2021年山东省农业机械总动力（万千瓦）

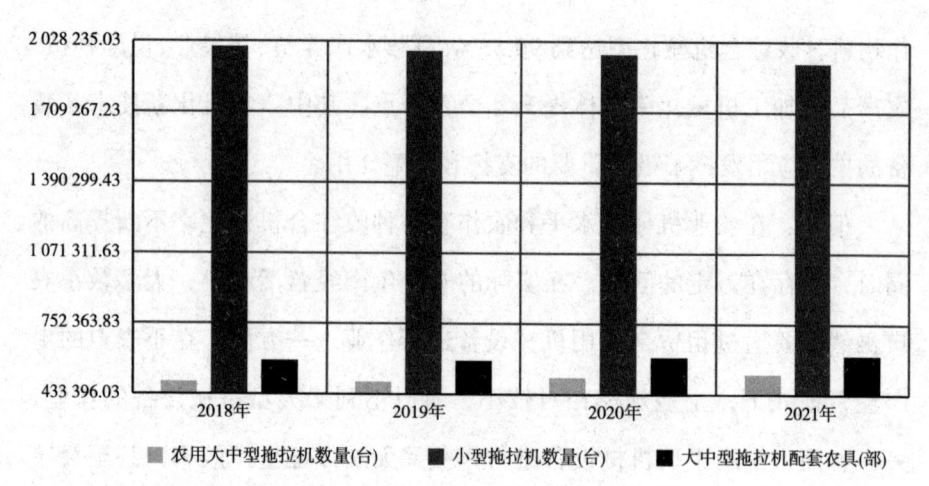

注：2001年起以后大中型拖拉机中不包括变形拖拉机。

图9 2018年至2021年山东省主要农业机械年末拥有量

（五）农药与化肥的使用情况

农药是指农业上用于防治病虫害及调节植物生长的化学药剂；化肥即化学肥料，是指用化学和（或）物理方法制成的含有一种或几种农作物生长需要的营养元素的肥料。科学、合理地使用农药和化肥，能够使作物免受病虫灾害、使土壤营养丰富，进而达到增产增收的目的。反之，滥用农药和化肥不仅无法达到上述目的，还会影响作物的产量和质量，使环境受到污染与破坏，甚至引发粮食安全问题。

2015年，为贯彻落实中央农村工作会议、中央1号文件和全国农业工作会议精神，紧紧围绕"稳粮增收调结构,提质增效转方式"的工作主线，大力推进化肥减量提效、农药减量控害，积极探索产出高效、产品安全、资源节约、环境友好的现代农业发展之路，农业农村部制定并印发了《到2020年化肥使用量零增长行动方案》和《到2020年农药使用量零增长行动方案》。2022年，农业农村部制定并印发了《到2025年化肥减量化行动方案》和《到 2025 年化学农药减量化行动方案》，并指出"推进化肥农药减量化是全方位夯实粮食安全根基，加快农业全面绿色转型的必然要求，也是保障农产品质量安全、加强生态文明建设的重要举措。"

为了保护农村生态环境和推进现代化新农村建设，同时推进农村农业生产的绿色发展，山东省积极落实方案，不断加大对农药与化肥使用的控制力度，并且倡导农村农户使用有机化肥和绿色生物农药来代替传统化肥农药，鼓励农民对科学的施肥知识和施肥技术进行学习，在保护环境的基础上，充分发挥化肥与农药的作用与功效。随着绿色理念的传播和倡导，近十年来，全省对农药和化肥的使用量呈现逐年减少的趋势。据中国山东网 2023 年 3 月发布的文章显示，2021 年全省化肥、农药使用量分别较 2017 年下降 15.7%、23.1%。然而，通过实地调查可以发现，部分农户仍然根据个人经验选购化肥和确定施肥数量，并没有进行科学的测量与计算，存在化肥使用量不合理的情况，这与现代农业的发展以及生态环境可持续发展的理念是不相符的，此类问题仍需要进一步解决。

（六）农田水利的发展情况

从古至今，农业发展与水利建设之间就有着密切的联系。因此，在研究农业发展情况时，有必要对农田水利的建设情况进行研究。我国对农田水利的建设一直都非常重视，但是在山东省，水资源严重短缺，这也是限制山东省农业生产发展的一个重要原因。

据《2021 年山东省水资源公报》显示，2021 年全省水资源总量为 525.33 亿立方米，其中地表水资源量为 381.84 亿立方米、地下水资源与地表水资源不重复量为 143.49 亿立方米。当地降水形成的入海、出境水量为 310.72 亿立方米。2021 年全省总供水量为 210.13 亿立方米。其中，当地地表水供水量占 31.4%，跨流域调水量（引黄、引江）占 29.9%，地下水供水量占 31.8%，其他水源供水量占 6.9%。海水直接利用量为 63.13 亿立方米。2021 年山东省供水总量分水源情况如图 10 所示，2018 年至 2021 年山东省水资源变化情况、水利设施和除涝面积变化情况如图 11、表 1 所示。

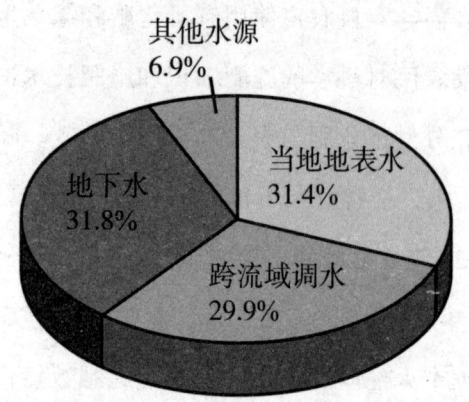

图 10　2021 年山东省供水总量分水源百分比

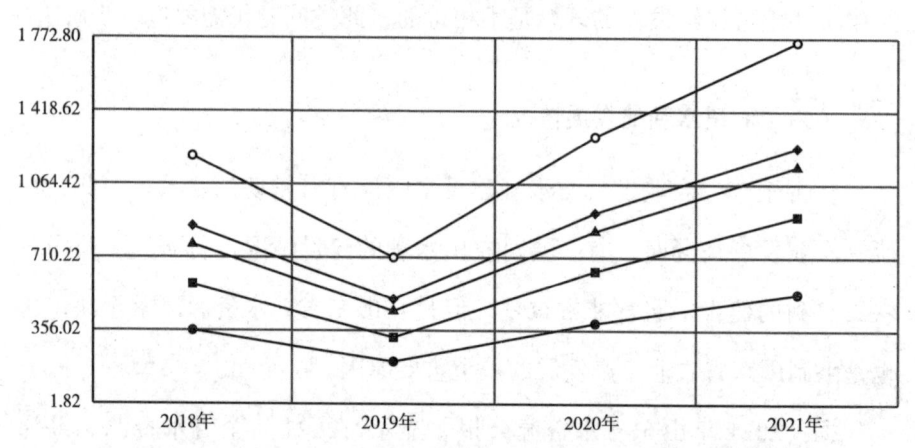

图 11　2018 年至 2021 年山东省水资源变化情况

表1 2018年至2021年山东省水利设施和除涝面积变化情况

指标	2021年	2020年	2019年	2018年
水库数（座）	5 721.00	5 890.00	5 932.00	6 192.00
水库总库容量（亿立方米）	184.00	184.00	220.25	220.28
除涝面积（千公顷）	3 057.58	3 096.15	3 089.77	3 026.98
水土流失治理面积（千公顷）	4583.12	4 430.25	4 277.56	4 142.96

2021年全省总用水量为210.13亿立方米。其中，农业用水占55.1%。从农业灌溉方面来说，山东省农田有效灌溉面积从2016年的7 742万亩增加到2021年的8 000万亩左右，而2021年的农业用水量则较2016年减少了7.6亿立方米，农业灌溉水有效利用率不断提高。

另外，由于病险水库的数量相对较多，山东省部分水库的水资源未能得到合理有效的利用，水利对农业发展的促进作用也就得不到充分的体现。在党和国家的支持，以及山东省各级地方人民政府、有关部门和当地人民群众的共同努力下，山东省病险水库除险加固工作不断推进，并取得了良好的进展。据中新网济南8月10日电，山东通过实施水库除险加固工程，消除水库病险隐患，完善水库管理设施、雨水情测报系统、安全监测等基础设施，补齐工程"硬件"短板。2016年～2020年，山东省共实施了32座大中型和2 388座小型病险水库除险加固，数量位居全国前列。在此基础上，2021年，山东省在主汛前又完成359座小型水库的除险加固任务。2021年11月4日，山东省人民政府办公厅正式印发《关于切实加强水库除险加固和运行管护工作的实施意见》（以下简称《实施意见》），明确提出，2025年年底前，完成现有存量大中型病险水库的除险加固任务。以上数据表明，现阶段山东省在水利建设方面仍面临着很大压力。

二、山东省小农户与现代农业衔接取得的主要成效

（一）提高收入水平，降低经营风险

2022年3月10日，山东省政府新闻办举行"乡村振兴齐鲁样板"系列发布会第四场，介绍打造夯实乡村产业发展基础，加快向农业强省发展的情况。从会上可以了解到，2022年山东省农村居民人均可支配收入达到22 110元，同比增长6.3%，增速连续多年"跑赢"城镇居民。在推进乡村振兴工作开展的过程中，山东省在脱贫攻坚方面取得了巨大的进步。不仅进行了现代产业园区的建设，还创建了17个特色农产品优势区域，推进绿色农产品的优先发展，使山东省的农业经营主体逐渐壮大。截至2021年底，山东省的家庭农场已经有将近10.4万家，农民专业合作社24.5万户。而且随着农业现代化的发展，农民的农业生产经营收入也得到了提高，小农户与现代农业已经逐渐接轨。

通过促进小农户与现代农业的衔接，能够为小农户带来更加广阔的市场，加强小农户之间的联系，形成农业生产经营规模。比如，在农资购买方面，合作社、龙头企业、乡村集体企业等新型农业经营主体都能够为村民统一购买各种农资提供一定的帮助。这种统一购买农资的方式，不仅农资的整体价格会有所降低，而且能够减少运费支出，帮助小农户和新型农业经营主体节约了农业生产经营成本。在农产品销售方面，这些主体也能够统一对小农户的产品进行销售，有效降低小农户在与他人交易的过程中需要承担的风险和交易成本，有效提升小农户的收入。例如，济宁市积极创新农业社会化服务模式，在不改变土地所有权、承包权、经营权的前提下，以服务规模化推动农业现代化。同时，为提高种地效益，济宁市马庙镇孟铺村成立合作社，统一购置农资为村民提供耕、种、

管、收服务,并采取了"保底+分红"的利益分配模式。2022年年中左右,济宁市金乡县马庙镇孟铺村360户村民领到了村合作社发放的72.8万元首期土地收益金,村民薛保忠一家七亩地拿到了8 500元。由于土地的规模化使高效低残留的种植方式得到有效推广,托管的地块比农民自种的地块每亩增收节支400多块钱,农民每亩还能获得100多块钱的分红,村集体也获得2万到10万不等的稳定收益,有力地促进了传统农业向现代农业、生态农业的转变。再如,据《农民日报》报道,山东省泰安市宁阳县最东端的东庄镇,地形东西窄、南北长,地势南高北低,地貌主要由低山、丘陵、平原和水面构成,全镇耕地6.8万亩,粮食作物以小麦、玉米为主。多年来,当地一直存在小面积耕种本大利薄、农机手流动性大、农机作业质量不稳定等问题,加强农机现代化耕种迫在眉睫。为了整合资源,带领当地农民致富增收,东庄镇探索建立覆盖全镇范围的现代农业综合服务中心项目,把农机价值发挥好,让农民种粮挣钱得利。据东庄镇党委书记介绍,2022年开始,东庄镇探索建立农机共享体多种菜单式服务,助推农业机械化程度大幅提升。农民将农机托管给服务中心,机主按作业面积获得租赁费用。推出以来,先后整合镇域内拖拉机、收割机、旋耕机等农用机械170余台(套),5万亩土地实现了生产全过程机械化作业,通过减少机损,提升整地质量,粮食亩均产量较之前增加30公斤,平均每台农机每年可为机主增加6 000元的额外收入。

近年来,山东省在小农户与现代农业有机衔接层面取得成效的实例还有很多,通过分析这些实例可以发现,新型农业经营主体在小农户与现代农业有机衔接中发挥了重要作用。另外,近几年的农业政策也在积极引导农业由单兵作战向规模化生产转变。不论是合作社、种植大户、家庭农场,还是龙头企业,都可以在农业现代化发展过程中对小农户进行积极的引领，组织小农户进行规模化生产与经营，并且可以为小农户提供专业的技术指导和先进的理论支撑，进而有效降低农户可能面临的农业生产经营风险。比如，种植大户通过土地流转的方式获得小农户的土地，派遣专业技术人员为小农户讲解种植技术，帮助小农户解决在生产经营过程中面临的实际问题；小农户则因此获得固定的土地流转资金和务工收入，不断掌握农业方面的专业知识，自身经营风险大大降低，而且能够获得比较稳定的收入。更重要的是新型农业经营主体的带动能力相对较强，能够在一定程度上保证农产品的销量，避免小农户单独销售时话语权较低的问题。通过走访调查也可以发现，小农户本身对市场信息的了解并不充分，所以无论是在种植方面还是销售方面，个人利益都有可能因为市场信息不对等问题而受到损失，而这些问题和可能存在的一些风险，都可以通过与合作社、龙头企业等新型农业经营主体进行合作来规避。

（二）规范管理，提升了农产品质量

2022年9月，新《中华人民共和国农产品质量安全法》（以下简称《农产品质量安全法》）于2023年1月1日正式施行，为新时期强化农产品质量安全监管，不断提升农产品质量安全水平奠定了坚实基础。山东省各级农业农村部门大力宣传、贯彻《农产品质量安全法》，进一步夯实机构队伍建设和快检能力提升两个支撑，定期对土地和农产品进行监测，全面提升农产品质量安全监管水平，在保证产量稳步提升的同时，使农产品的质量不断提升。

1. 多措并举，大力推进乡镇监管机构标准化建设

2022年，山东省1 400个以上乡镇监管机构纳入农产品质量安全监管信息系统，认定500个机构为省级示范（典型）乡镇农产品质量安全监管机构。为强化农产品质量安全人才队伍建设，山东启动实施农产品质量安全队伍建设"111"工程。首批选树骨干、过硬监管人员557人，作为工作标杆进行宣传推广。同时不断完善国家、省、市、县四级监测计划统筹管理机制，严格落实"双随机"原则，持续扩大农业生产主体监测覆盖率。2022年，山东省省级监测农产品4万余批次，全省总体定量检测量达到1.5批次/千人以上。

在加强农产品监管方面，全省133个涉农县（市、区）全部建设完成农业投入品生产经营主体"一张图"，42 394个生产经营单位信息纳入电子地图，对固定经营场所的主体实现全覆盖，解决各类农资管理信息分散、职责不清等问题。一图在手，方便农民查询购买放心农资，也有利于监管部门动态掌握农资生产经营信息，实行差异化监管。

2. 加强农产品检测，提高小农户在检测主体类型中的比重

在加强农产品检测方面，2022年山东省突出"三个加大比重"，即检测对象加大"治违禁、控药残、促提升"三年行动重点治理品种比重，检测主体类型增加小农户比重，检测方式增加监督抽查比重，有效提高问题发现率。同时，山东省加强了农产品质量安全信用化管理，探索重点品种治理的长效机制，整合了19万条生产经营主体行政事项记录及2.6万余条监督抽查数据，对9 166家主体进行信用等级评价，评定A+级信用单位136家，A级信用单位9 001家，B级信用单位1家，C-级信用单位28家，为实现精准长效化监管夯实了基础。

2023年6月,山东省印发了《关于组织开展农作物单产提升技术服务行动的通知》(以下简称《通知》),组织全省农业技术推广人员深入一线,全面强化技术支撑,全程提供技术服务,助推全省主要粮油作物大面积单产提升落地见效、取得实效。截至目前,山东省通过实施新型农业经营主体培育计划,明确重点培育对象清单,加大土地流转、金融服务、政策扶持等要素保障力度,不断提高新型农业经营主体组织化程度,同时通过生产联农、服务带农等多种方式,逐步把小农生产引入现代农业发展轨道,持续帮助小农户拓展增收空间,提高农业质量、经营效益和竞争力。

3. 标准化生产,用技术提高农产品质量

据新华社济南2022年3月22日电,山东省寿光市从2021年1月起,就组织农业专家成立技术指导组,从田间管理、测土配方施肥、绿色防控、秸秆还田以及病虫害防治等方面,编制印发了10万套高品质蔬菜标准化生产技术规范及要点丛书,指导农户开展蔬菜标准化生产,更好地提升寿光蔬菜品质。寿光市借助中国蔬菜价格指数的预警功能,严密监控蔬菜批发价格和对外供应情况,对价格实施"日报告",对出现价格波动超出正常范围的及时采取措施,实施价格平抑,稳控市场行情。质量与价格的平稳给种植蔬菜的小农户带来了信心,很多小农户表示,在村集体与合作社等农业经营主体的帮助下,现在种菜、卖菜越来越省时省力,而且农资购买方便,政府技术指导及时,可以把更多的时间和精力放在"怎么把菜种好"上,并打出了山东寿光蔬菜品牌。

在以往以家庭为单位进行农产品生产经营的模式中,因为缺乏良好的储存环境,经常会出现农产品变质的情况,而且面对大市场,小农户抗风险能力差,议价能力弱,销路不稳定。但是近年来,山东省的许多企业与合作社建立了自己的储存基地，能够对农产品进行更好的保护。同样以寿光市为例，据相关负责人介绍寿光建立了成熟的市场化交易平台和从各个大棚到村头市场，或到寿光农产品物流园的稳定的流通渠道。物流园是大龙头，村村还有小市场。寿光在蔬菜种植集中村建设改造了1 600多处村级田间地头市场，形成了以农产品物流园为龙头、村级市场为基础的产品流通网络。一些龙头企业不仅可以改善农产品储存条件，还能够对农产品进行深加工，增加农产品的附加值，为农户带来更大的经济收益。因此，相关农业经营主体要充分发挥自身的智慧，帮助小农户提升农产品质量、打通农产品销路，有效提升小农户的市场竞争力，在此过程中逐渐促进小农户与现代农业的有机衔接。

（三）提供资金支持，满足融资需求

在农业现代化发展过程中，资金有着至关重要的作用，成熟的资金链能够在小农户与现代农业衔接的过程中发挥重要的作用。但是通过调查可以发现，大多数小农户通常会通过私人借贷与银行借贷的方式获取资金。对小农户来说，无论通过哪种方式解决资金问题，在借款过程中他们都处于劣势。同时，在现代化农业发展过程中，小农户的资金需求越来越多样化，如何通过正规合理的渠道满足小农户的资金需求，解决小农户面临的融资难题，成为防止小农户的利益受到损害，调动小农户参与现代化农业生产经营活动的积极性，是与现代农业有机衔接需要考虑的关键问题。

近年来，潍坊以农民农村共同富裕为目标，促进城乡要素自由流动、平等交换，加快形成城乡统筹发展的格局。我市坚决做好巩固拓展脱贫攻坚成果同全面推进乡村振兴有效衔接，全市巩固拓展脱贫攻坚成果工

作在省考核中连续 3 年取得满分成绩。城乡融合是乡村振兴的"加速器"，如何激活资源要素？潍坊把农业农村作为一般公共预算优先保障领域，健全政府投资与金融、社会投入联动机制，撬动金融和社会资本更多投向农业农村，累计整合涉农资金 302 亿元，发放涉农贷款达 5 776.9 亿元，吸引超过 400 亿元工商资本集中投向乡村，并不断完善经营体系。我市引导各类经营主体与农户建立"多级订单""订单收购+分红""农民入股+保底收益+按股分红"等利益联结机制，省级农业产业化示范联合体达到 79 家，3.2 万农业经营主体累计辐射带动小农户 615.2 万户。山东省的这种做法不仅有效地解决了小农户在农业生产经营中的资金困难，还在一定程度上提高了小农户的家庭收益，为小农户从事生产经营活动提供了资金支持。

第二节　山东省小农户与现代农业衔接实践对我们的启示

一、促进小农户与现代农业衔接的思路

（一）促进"多主体融合"组织形式的推广

有效的组织形式不仅能够在实施的过程中有效提升小农户的经济收入水平，而且能够通过对小农户进行引导，有效提升小农户的生产经营能力。因此，在推进小农户农业现代化发展的过程中，要积极推广多主体融合的农业生产经营模式。多主体融合主要是指小农户与合作社、龙

头企业等新型农业经营主体之间的融合。从单一角度来看，合作社、龙头企业、小农户等农业经营主体都具有各自的优势和不足，而多种经营主体融合的方式，能够实现优势互补，为小农户提供新的发展思路，从而提升生产经营效率。在农业生产经营活动中，龙头企业具有较大的市场、丰富的销售渠道以及先进的技术，但是在融合发展过程中，如果仅仅让龙头企业与小农户单独进行融合则可能会出现一些无法避免的问题，比如龙头企业过于注重自身的利益，所以忽视了小农户自身可能面临的风险；部分小农户由于本身的契约意识相对薄弱，有可能在与企业合作的过程中做出一些违反契约的行为，进而导致双方关系恶化。村集体或者合作社与小农户进行融合，可以在一定程度上降低小农户独立生产经营可能面临的风险。但是在实践中，如果让小农户与合作社或者村集体单独进行合作，也存在一定的问题，如无法延伸自身的产业链，增加产品的附加值；由于缺乏广阔的市场，以及小农户自身缺乏强大的经营能力，会出现小农户自身的收入无法进一步增长等问题。因此，小农户要正确处理自身与合作社、龙头企业等新型主体之间的合作关系，取长补短，在这些主体的带动下，通过节约成本、提升农产品的附加值等方式，为自己争取更高的经济效益。总而言之，多主体融合的组织形式具有更大的优势。在多主体融合的组织形式当中，多主体之间是相辅相成、共同发展的关系，新型农业经营主体要发挥自身对小农户的引领作用，从多方面为小农户提供保障，进而帮助小农户实现全面发展；小农户也要积极参与，抓住机遇，与新型农业经营主体优势互补、分工合作，并在相关政策的扶持下补齐短板，适度扩大生产经营规模，不断提高自身的综合发展能力，向现代化、规模化迈进。

（二）建立小农户与不同经营主体之间的联结机制

促进小农户与其他农业经营主体之间的衔接与融合，能够为小农户带来更高的经济收入。但是从实际情况来看，因为利益联结机制存在多方面的问题，在与其他农业经营主体衔接的过程中，小农户本身的利益往往得不到应有的保障。因此，有关部门一方面需要通过制定和实施相关政策的方式，对小农户与不同农业经营主体之间的合约内容进行规范和监督，并且明确合约中不同主体应当承担的风险，以及违约后需要承担的责任。另一方面，还要在小农户与其他农业经营主体衔接的过程中，建立完善的监管机制和惩罚机制，解决其他农业经营主体与小农户之间可能会出现的矛盾，并有针对性地提出解决措施和管理方法。对于那些侵犯小农户利益的个人或组织，要加大惩处力度，保障小农户的合法权益。另外，小农户在与其他经营主体合作的过程中，要做到利益与风险共享，即不仅要共同分享利益，也要共同承担风险。在进行利益分配的过程中，要站在小农户的角度进行思考，积极听取小农户的建议，满足小农户的合理需求；要给予经营状况不良的小农户一定的政策支持，同时也应当要求小农户与其他经营主体共同承担风险。现阶段，虽然我国经济实现了飞速发展，但是仍然有部分农民面临着发展的困境和难题。从实际情况来看，城乡居民的收入差距仍然较大。鉴于此，要通过促进小农户与现代农业有机衔接来带动小农户，使其实现农业现代化发展，就离不开完善的利益联结机制，也就是说，建立小农户与不同经营主体之间的联结机制，是保障小农户权益的重要途径。

二、明确小农户与现代农业衔接的原则

（一）基本原则

根据《关于促进小农户和现代农业发展有机衔接的意见》，促进小农户与现代农业有机衔接应遵循以下三项基本原则：

1. 统筹推进、协调发展

统筹兼顾培育新型农业经营主体和扶持小农户，发挥新型农业经营主体对小农户的带动作用，健全新型农业经营主体与小农户的利益联结机制，实现小农户家庭经营与合作经营、集体经营、企业经营等经营形式共同发展。

2. 因地制宜、分类施策

充分考虑各地资源禀赋、经济社会发展和农林牧渔产业差异，顺应小农户分化趋势，鼓励积极探索不同类型小农户发展的路径。不搞一刀切，不搞强迫命令，保持足够历史耐心，确保我国农业现代化进程走得稳、走得顺、走得好。

3. 尊重意愿、保护权益

保护小农户生产经营自主权，落实小农户土地承包权、宅基地使用权、集体收益分配权，激发小农户生产经营的积极性、主动性、创造性，使小农户成为发展现代农业的积极参与者和直接受益者。

（二）其他原则

1. 以农民为主体的原则

小农户与现代农业的有机衔接需要坚持以农民为主体的原则，这是确保农业可持续发展和农民利益最大化的关键。以下是对这一原则的进一步讨论：

首先，让农民参与决策。小农户作为农业领域的主要参与者，应该在决策制定过程中发挥重要作用。决策者应该尊重和倾听他们的声音，了解他们的需求和利益，并通过参与式决策机制促进他们的参与。其次，为农民提供资金和技术支持。为了确保小农户能够适应现代农业的要求，应该让农民接受关于现代农业技术、农产品质量管理、市场需求等方面的培训，以提高他们的农业经营管理能力。小农户在应用现代农业技术时通常面临着资金短缺的困难。政府应实施贷款、补贴和技术援助等支持措施，帮助小农户购买现代农业设备、使用高效农业技术，提高农业生产效率。最后，建设农民组织。农民组织可以在小农户与现代农业的有机衔接中发挥重要作用，帮助小农户在现代农业中实现规模化生产和市场准入。通过农民组织，农民可以共享资源、经验和市场信息，提高谈判能力，并共同解决生产经营过程中遇到的问题。

综上所述，小农户与现代农业有机衔接要坚持以农民为主体的原则，这样才能使小农户真正融入现代农业体系。

2. 循序渐进的原则

首先，在正式开展小农户与现代农业有机衔接工作之前，有关部门和经营主体要进行调研和分析，了解小农户的现状和需求。这样做有助于确定合适的衔接方式和可行的措施。其次，在促进小农户与现代农业有机衔接的过程中，要对相关工作的落实情况和二者衔接的情况进行持续的监测和评估，了解衔接的效果和存在的问题，并及时进行调整，进而提出改进措施。最后，针对检测和评估的结果，进一步分析制约小农户与现代农业有机衔接的因素，有针对性地采取培训和教育（包括农业技术培训、农产品质量管理、市场营销等方面的知识和技能培养）、支持和补贴（包括资金补贴、设备支持和技术援助）等措施。

坚持循序渐进的原则是为了确保小农户与现代农业的顺利衔接，避免过快引入新的技术导致农户无法适应，进而遇到新的困难。循序渐进的方式可以提供足够的时间，让小农户逐步接受新的理念和技术，并逐步提高生产效率和市场竞争力。

3. 示范村庄推广原则

在探索小农户与现代农业有机衔接路径的过程中，各地既要积极创新，又要理智行事。一方面，要进行试点实验，通过实验研究各种路径、组织形式是否可行以及实施后可能存在的问题。通过不断进行路径优化、调整和经验总结，解决试点过程中遇到的问题，找出在其他地方进行推广的具体方法。另一方面，我国地域辽阔，不同地区的资源优势存在差异，因此在推广组织形式、衔接路径的过程中，需要结合当地农业发展的实际情况和客观规律，不能盲目地套用统一的组织形式，否则很有可能会造成资源浪费，适得其反。同时，要鼓励各地也积极进行新型农业经营主体的培养，根据当地实际情况创新小农户与现代农业有机衔接的方式方法。具体来说，要建立实验示范区，在示范区内积极利用各种新媒体技术向小农户进行农业知识和技术手段的教学与推广，有效提升农业生产效率。当然，在这一过程中，有关部门也要给予示范区足够的关注，不仅要从精神层面对示范区进行鼓励，而且要从政策等层面给予一定的支持，帮助示范区内的小农户以及不同农业经营主体解决其在实际发展过程中遇到的问题，为示范区的进一步发展创造良好的条件，使示范区发挥其应有的榜样和引导作用。在试点过程中，实验示范区内的小农户、企业、合作社等主体要积极参与，协作共进，充分发挥自身的作用，共同助力示范区的发展，为示范村庄小农户与现代农业有机衔接模式的推广打下坚实的基础。

三、促进小农户与现代农业衔接的对策

通过调查研究和访谈，并对相关数据进行整理可以发现，山东省仍然有大部分小农户没有实现与现代农业的衔接与融合。结合山东省农业发展的基本情况，特针对小农户与现代农业的有机衔接提出以下几点建议：

（一）尊重小农户的意愿和发展需求

尊重小农户的意愿和发展需求，就是农民事务由农民自主决定，农业生产由农民自主经营，只有充分尊重小农户的发展需求，才能切实维护其合法权益，调动和激发其进行农业生产经营的积极性和创造性。

为了有效提升农业生产效率，我国进行了长时间的农业改革。近年来，我国积极发展现代农业，并通过适度的规模经营、培育新型农业经营主体等措施促进小农户与现代农业发展的有机衔接，而且取得了比较显著的成效。然而，从实际情况来看，进行规模化经营也存在一些弊端，比如在规模化生产经营过程中，农产品的收获、加工等环节需要大量劳动力，这样一来必然会增加生产成本，而且为了提高农业生产经营的效率，今后还需要投入更多的资金建设储存仓库、购买大型机械设备等，这些

都会增加农业生产经营活动的成本,存在一定的风险。同时,在进行规模化经营探索的过程中也出现了一些失败案例。所以很多小农户在刚接触类似举措时会对具体的实施效果表示担心,持观望态度或选择拒绝加入,参与的积极性不高。因此,在推动小农户现代化发展的过程中,要意识到小农户本身存在的必要性和合理之处,充分尊重小农户的利益诉求,综合考量小农户原有的农业生产经营模式和规模化经营之间的差异,合理进行资源整合,并且积极地对以往的经验进行总结,防止再出现类似问题,进而影响到小农户的发展。尤其是在小农户与规模化经营主体融合的过程中,需要充分考虑小农户的发展需求,只有这样才能提升其竞争力和风险应对能力,最终促进小农户和现代农业的共同发展。

(二)建立和完善社会化服务体系

在建立社会化服务体系的过程中,需要保证社会化服务体系服务内容完善,能够为小农户提供财政支持、技术支持和服务设施建设支持。

1. 财政支持方面

从财政支持方面来看,农业的现代化发展离不开政府在政策层面的引导,同时也离不开财政支持。因此,各地有必要发挥财政资金作用,统筹用好现有资金渠道支持农业科技社会化服务体系建设。一方面,要因地制宜,确定资金补助标准与补助方式。项目任务实施前应根据农业生产不同领域、不同环节、不同对象和市场成熟度,确定不同的财政补助标准;根据自身条件,认真研究制定具体的补助方式和运行机制,面向小农户开展的服务,补助资金可以补服务主体,也可以补农户,坚持让小农户最终受益。另一方面,要鼓励金融机构开展植物新品种权等知识产权质押融资、科技担保、保险等服务,在业务范围内加强对农业科技服务企业的中长期信贷支持；金融监管部门则要加强对投入资金的风险评估和管控，保障资金安全。良好的财政基础，能够为完善农业基础设施和提高农业技术水平提供资金支持，能够吸引更多的年轻人为小农户与现代农业的有机衔接助力。此外，社会服务机构和组织也要从多方面出发，不断完善资金引入机制，提高自身经济实力，为小农户发展提供良好的农业服务和资金支持。

2. 技术支持方面

在技术支持方面，建立和完善农业社会化服务体系的重点在于提供人才支持。通过派遣专业的技术人才为小农户提供农业技术指导，促进小农户的农业现代化发展，在一定程度上可以保证小农户农业生产经营水平的提升。基层农业服务人员的科学技术水平将会对农业现代化发展的速度产生重要影响，因此有关部门要认识到人才的重要性，并且通过政策引导和提高工资待遇等方式留住人才，为当地农业现代化发展、当地小农户与现代农业有机衔接奠定人才基础。具体来说，就是要加强科技服务人才队伍建设，鼓励和引导人才向基层一线流动，健全人才向基层流动的激励机制，鼓励地方出台有针对性的人才引进政策；鼓励更多专业对口的高校毕业生到基层从事专业技术服务，与小农户面对面交流，在不断进行实践探索的过程中用专业的知识对小农户进行农业生产经营方面的指导，同时要支持和引导返乡、下乡、在乡人员进入各类园区、通过创业服务平台开展农业科技创新创业服务；加大对基层农业科技人员专业技术职称评定的政策倾斜；加强农业科技培训，对现有的技术人员要积极开展培训工作，不断提升其整体文化水平和技术涵养，培养专业大户、科技示范户和乡土人才，提高农民的科学文化素养，使相关农业服务人员对农业的发展状况有充分的了解，同时对农业的发展趋势进行科学准确的预测,积极引进新技术并且在农村地区进行推广,帮助小农户掌握技术手段的使用方法,做到科学种地。除了从以上两个角度出发,各地还可以结合当地农业生产经营实际和小农户农业现代化发展现状,不断探索和创新能够留住人才、吸引人才的政策、方法,进而为农业社会化服务体系注入新鲜血液和源源不断的活力。

3. 基础设施建设方面

在推进农业现代化发展的过程中,不仅需要为小农户提供资金支持和技术支持,还需要积极建设和完善农业基础设施,为小农户从事农业生产提供先进的设备支持。农业基础设施是指保证农业生产和流通能够在适宜条件下顺利进行的各种具有公共服务职能的设施,一般分为两大类:一类是物质性基础设施,或称生产性基础设施,是指直接为农业生产和流通服务的设施,如道路、运河、桥梁、码头、仓库、冷藏库、包装材料库、通信设施、植物保护和兽医等专业服务单位、修理和技术保养单位等。一类是社会性基础设施,或称非生产性基础设施,是指保证和促进劳动力再生产的设施,如农村住宅、学校、医院、体育和文化娱乐场所、劳动保护和安全服务机构等。这里所指的主要是物质性基础设施的建设。

近几年,可以应用于农业生产的机械种类越来越丰富。这些机械设备可以满足农业生产过程中的播种、施肥、灌溉、收割等不同农业生产经营活动的需求,但是很多小农户由于自身的经济条件有限,无力购买这些专业设备,因此,相关部门就需要创建一些购买或引进这些新型农业生产机械设备的服务平台、组织为小农户提供相应的服务,为小农户的农业生产经营活动提供保障。

此外,在进行农业基础设施建设的过程中,还要注重信息技术服平台的建设和宣传。随着时代的发展，互联网技术已经逐渐渗透到各个领域，并且促使很多领域实现了颠覆性发展，促进信息技术与农业社会化服务体系的融合发展对于促进小农户与现代农业有机衔接来说也是可取的。因此，相关服务组织可以建设专业化的农业信息网络平台，为农户、销售商、农业服务人员之间的交流服务，保证小农户能够突破时间和空间的壁垒，及时掌握市场信息，及时进行生产经营方案的调整，从而实现农业生产效率的提升。

（三）培养小农户的主体意识和经营能力

要推动小农户与现代农业衔接，首先要肯定小农户对于农业现代化发展的积极作用，认识到小农户在农业生产过程中的地位，进而满足小农户本身的发展需求，并在此基础上培养小农户的主体意识，让小农户认识到自己在农业现代化发展中的重要作用，从而主动参与现代农业生产经营活动，积极探索与现代农业发展有机衔接的路径，最终推进我国的农业现代化发展进程。促进小农户与现代农业有机衔接是一个循序渐进的过程，在这个过程中需要国家和政府不断出台相关政策，对小农户与现代农业的有机衔接实践进行规范和引导，保证小农户朝着正确的方向发展。因此，有关部门在制定相关政策的过程中，不仅要考虑到农民集体的需求，而且要倾听小农户的意见，这样才能体现出政策的科学性与合理性，在一定程度上有效避免政策在出台之后对小农户的根本利益造成冲击和影响，进而导致相关政策无法得到有效的贯彻与落实。另外，在农业现代化发展的过程中，农民是主要参与者，更是农业现代化发展的受益者，所以有关部门要积极开展宣传工作，帮助农民树立主人翁意识，既要让他们认识到在参与现代农业生产经营活动的过程中可以获得收益，同时也要让他们明确自己在这一过程中需要承担的责任和义务。

部分小农户由于受教育程度相对较低，认知能力有限，所以即使进行农业生产经营活动的经验丰富，他们仍然无法掌握各种专业知识及技术设备的使用技巧，这也在一定程度上制约了农业现代化的发展进程。因此，在推进农业现代化发展的过程中，有关部门需要根据当地的农业生产经营状况对小农户进行针对性的农业培训，向他们传授、普及专业的农业种植技术，让他们可以更加科学地种植农作物。另外，还可以向他们传授一些电商知识和生产技术知识，让他们对电商有一个基本的认知，进而逐渐推进电商在农村的发展，这些技术和知识都对提升小农户的生产经营能力具有较大的促进作用。近年来，农村地区到城市务工的人员仍然很多，政府也可以针对这批人员进行培训，进而保证他们在返乡之后仍然具备从事农业生产活动的能力。

（四）发挥村集体和合作社对小农户的带动作用

我国小农户具有"一小一大"两个鲜明特征。"一小"是规模小，户均经营耕地面积不到9亩；"一大"是数量大，小农户数量超过2亿。自2019年提出实现小农户和现代农业发展有机衔接以来，学界聚焦寻找小农户与现代农业之间的衔接载体，着眼于解决小农户自身难以和现代农业大生产相匹配的问题，对如何衔接给出了多样化的方案，但这些方案主要针对的是小农户"规模小"的特征。然而，小农户"数量大"的特征决定了衔接过程会呈现出"一对多"的局面，但从已有研究来看，小农户和现代农业有机衔接需要何种媒介的问题并没有引起足够重视。[①]

衔接媒介主要发挥为交易双方沟通信息、促成交易、提供相关服务

---

① 《经济学家》2022年第9期。

的中介作用，并不具备或很少具备直接从事生产经营活动的功能。那么，谁是小农户与现代农业衔接过程中有效的衔接媒介呢？通过对已有研究进行梳理可以发现，村集体和合作社是被提及最多的两类主体。因此，各地必须结合自身的发展实际，切实思考发挥村集体、合作社的中介作用的具体策略。其一，促进小农户与现代农业之间有机衔接与融合，并不意味着要完全忽视小农户的作用，也不代表着要抛弃传统的小农户的农业生产经营模式，而是要在肯定传统农业经营模式的成功之处的同时，认识到现代农业的先进之处，将两者的优势结合在一起，通过小农户与新型农业经营主体之间的融合，促进小农户与现代农业的有机衔接，提升小农户抵御市场风险的能力，为小农户带来更多的经济效益。在促进小农户与新型农业经营主体融合的过程中，需要充分尊重小农户自身的利益，并且充分发挥村集体和合作社的带动作用，促使新型农业经营主体与小农户之间建立长期稳定的合作关系，有关部门也要在这一过程中发挥监督管理作用，对小农户自身的利益进行保障。同时，还要不断创新合作模式，根据不同区域农业发展的实际情况和企业发展优势，确保合作模式能够充分展现出小农户自身的潜力，进而循序渐进地促进小农户与现代农业的有机衔接，最终实现农业现代化快速发展。

　　需要注意的是，我国各地区之间较大的差异性决定了小农户与现代农业最优衔接媒介的表现形态千差万别，因此在实际工作中，各地应该从更好地实现理论指导现实的落脚点出发，通过实地调研、试点实验等方式，找出衔接媒介的一般特征，而不是关注衔接媒介的具体类型，从而使小农户与现代农业有机衔接的对策具有更普遍的借鉴意义和指导意义。

下 篇

新型农业经营主体带动下小农户与现代农业的有机衔接

在实现中华民族伟大复兴的过程中，我国取得了举世瞩目的成就，但同时我们也看到了自身的短板，并且积极探索，着力解决发展过程中存在的各类问题。很显然，我国在农业发展过程中最需要着重解决的问题就是农业问题、农村问题和农民问题。而要有效解决这些问题，就需要加大对农村产业发展的支持力度，积极促进农业现代化发展，实现小农户与现代农业的有机衔接。然而，以家庭为单位从事农业生产经营活动的小农户不仅生产规模较小，而且具有分散经营的特征，很难实现资金、技术等资源的整合，影响了农业生产的效率。同时随着时代的不断发展，人们的消费观念发生了改变，消费者对农产品也有了更高的要求和标准，而小农户的农业生产经营活动比较单一，无法有效满足消费者对农产品的消费需求。在消费需求的影响下，我国更需要深化农业改革，加速推动农业现代化发展。

为了扶持小农户，提升小农户发展现代农业能力，加快推进农业农村现代化，夯实实施乡村振兴战略的基础，中共中央办公厅、国务院办公厅就促进小农户和现代农业发展有机衔接提出了"统筹兼顾培育新型农业经营主体和扶持小农户，发挥新型农业经营主体对小农户的带动作用"等具体意见。鉴于此，本章将通过分析框架、衔接困境与案例思考、研究结论与对策建议三个部分，对新型农业经营主体带动下小农户与现代农业的有机衔接进行研究。

第六章　新型农业经营主体带动下小农户与现代农业有机衔接的分析框架

新型农业经营主体主要包括家庭农场、农民合作社、龙头企业等，本书并没有将种植大户界定为一种新型农业经营主体，这是因为种植大户与家庭农场相似，是家庭农场的一种过渡形态。随着近年来中央各种文件的发布，新型农业经营主体得到了迅速发展，并且呈现出逐渐向好的发展趋势，新型农业经营主体已经成为农业现代化发展的重要抓手和动力。在推进小农户与现代农业有机衔接的过程中，新型农业经营主体发挥着至关重要的作用。因此，有必要对新型农业经营主体进行深入研究与分析，进而更好地发挥新型农业经营主体的带动和引导作用，构建农业农村发展新格局。

第一节　新型农业经营主体的类型

一、农民合作社

农民合作社是在农村家庭承包经营基础上，农产品的生产经营者或农业生产经营服务的提供者、利用者，自愿联合、民主管理的互助性经济组织。农民合作社以其成员为主要服务对象，提供农业生产资料的购买，农产品的销售、加工、运输、贮藏以及与农业生产经营有关的技术、信息等服务。

农民合作社的出现改变了中国传统分散的、以家庭为单位进行农业生产经营的方式，目前我国农民合作社已进入从数量增长到注重质量提升的新阶段。在因地制宜发展思想的指引下，各地农民合作社结合当地的资源禀赋、发展环境等要素，进行了很多有益的探索，创新出不同的发展模式。农民合作社正成为党和政府推行农村经济社会政策的重要载体，引导小农户进入现代农业发展轨道、巩固拓展脱贫攻坚成果、推进乡村振兴的重要力量。农户是进行农业生产经营的主体，在此基础上进行的农业合作，可以将农业资源的潜力充分展现出来，进而有效提高农业生产力。农民合作社为农业生产活动提供了从农产品种植到农作物销售的全过程、全方位服务，能够帮助小农户解决其在农业生产经营活动中面临的诸多困难，有效促进小农户的现代化发展。通过积极规范农民合作社，保证合作社成员之间的平等地位并实现民主管理，能够吸引更多的小农户参与其中。我国的实践经验表明，在农村地区设立农民合作社能够将分散的小农户进行有效整合，进而实现统一管理，这样不仅能够维护以家庭为单位进行农业经营的优势，还能弥补以家庭为单位进行农业生产经营的劣势，帮助单个小农户解决问题，实现小农户的共同发展。总而言之，农民合作社能够有效带动小农户的发展，促进小农户与现代农业之间的有机衔接，这也是目前阶段在农村广泛使用的一种方法。

二、龙头企业

龙头企业是农业产业化发展的直接表现，主要以进行农产品加工和销售为主。龙头企业作为一种新型的农业经营主体，能够将小农户的利益连接在一起，进而共同进入市场。在龙头企业的作用下，农产品生产、加工、销售等工作有机结合，农业产业链得以延长，进而为小农户带来更高的经济效益。相比之下，龙头企业还具有充足的资本和较强的经营管理能力。所以，龙头企业可以充分利用自身的资本优势、人才优势以及技术优势，积极与小农户、农民合作社、家庭农场对接，帮助他们扩大市场、延长产业链，实现增产增收。近年来，随着我国农村地区改革工作的不断推进，以及各类有利政策的不断施行，龙头企业的发展环境也得到了一定优化。另外，龙头企业又是当前阶段推动农业现代化发展的主要力量。所以，龙头企业要充分发挥自身的优势，建立多种形式的连接机制，加大对农业生产经营活动的投入，实现农业生产经营模式的创新，有效带动小农户的产业化发展，推进农业发展模式的转变和创新，推动小农户与现代农业之间的有机衔接。

三、种植大户和家庭农场

种植大户是指拥有大量耕地和资金、生产规模较大、种植技术水平较高、拥有现代化的种植设备和管理体系等，经营种植业务的个人或企业。在实际的生产经营中，种植大户的具体设定标准可能因地区而异，因为各地的土地、气候、政策和市场等条件而有所不同。种植面积、投资规模、种植品种和生产技术是影响种植大户设定标准的主要因素。

家庭农场是一种新型的农业经营主体，并且已经成为新时期农业规模化经营的重点培育对象。2014年2月，我国农业农村部发布《关于促进家庭农场发展的指导意见》（以下简称《意见》）。《意见》从扶持政策、发展方向等多个角度对农业发展提出了指导性意见，有效推动了作为新型农业经营主体的家庭农场的发展。一般来说，家庭农场具有以下几个明显的特征：

第一个特征是家庭农场由家庭经营，即家庭农场的经营者主要是农民或其他长期从事农业生产的人员，主要依靠家庭成员而不是依靠雇工从事生产经营活动，也就是说除了在农忙时节会雇用一定的劳动力之外，家庭农场当中的耕种、收获等工作都需要由家庭成员完成。

第二个特征是家庭农场专门从事农业生产经营活动，主要进行种养业专业化生产，经营者大都接受过农业教育或技能培训，经营管理水平较高，示范带动能力较强。家庭农场的收入主要是以农业收入为主。一般在家庭农场当中，劳动力主要是依靠从事农业生产经营活动获取收入，而农业收入也是家庭的主要收入来源，在农业生产经营活动当中占据主要地位。家庭农场以农业生产经营活动为主，能够引导劳动者将注意力放在劳动生产当中，进而有效提升劳动生产效率。

第三个特征是农业生产经营规模适度，种养规模与家庭成员的劳动生产能力和经营管理能力相适应，符合当地确定的规模经营标准，收入水平能与当地城镇居民的收入水平相当，实现较高的土地产出率、劳动生产率和资源利用率。家庭农场与小农户的农业生产规模相比明显更大，规模化生产的效益也比较明显。但是，家庭农场在从事农业生产活动时不能一味扩张，否则很容易造成生产力浪费。所以，家庭农场在从事农业生产经营活动时，需要将生产经营规模控制在一定范围之内，只有这样才能充分发挥农业生产的规模效益。

第四个特征是农业生产商品化。家庭农场作为一种新型农业经营主体，已经具备现代农业的相关特征。所以，家庭农场在从事农业生产经营活动时，主要以商品化农业生产为主，这与普通小农户自给自足式的农业生产经营活动有明显的差异。虽然家庭农场仍然以家庭为单位进行农业生产经营活动，但是和小农户相比，其生产经营规模明显更大；同时家庭农场弥补了传统农业生产经营活动存在的不足。由此可知，在农业生产经营活动中有效融入现代农业的发展要素是小农户与农业现代化发展有机衔接的一个主要方向。

第二节 不同主体带动小农户与现代农业衔接的优势

2021年2月，中共中央、国务院正式发布《关于全面推进乡村振兴加快农业农村现代化的意见》（2021年中央一号文件），明确提出要"推进现代农业经营体系建设，突出抓好家庭农场和农民合作社两类经营主体，鼓励发展多种形式适度规模经营。实施家庭农场培育计划，把农业规模经营户培育成有活力的家庭农场。推进农民合作社质量提升，加大对运行规范的农民合作社扶持力度。发展壮大农业专业化社会化服务组织，将先进适用的品种、投入品、技术、装备导入小农户。支持市场主体建设区域性农业全产业链综合服务中心。支持农业产业化龙头企业创新发展、做大做强"。从文件内容来看，国家对农业生产经营的现代化发展非常支持，并且将现代化的农业经营组织当作带动小农户发展的主体。因此，本章主要从以下三个角度出发，探索小农户融入现代农业的可行路径。

一、农民合作社带动小农户融入现代农业

（一）合作社促进小农户与现代农业衔接的优势

农民合作社其实就是农民专业合作社，主要是以家庭承包为基础，按照自愿的方式进行结合，并且民主管理的一种互助式经济团体。

从近年来我国农民合作社的发展状况来看，据农业农村部统计，2019 年全国依法登记的农民专业合作社共有 220 万家，入社农户成员约 1.22 亿户，其中普通农户成员占比达 95.4%。除了农民合作社，还有 1 万多家其他类型的联合社，平均每个联合社能够带动 12 个成员社的发展。2018 年，各种农村合作社提供的经营服务总值就超过了 1.12 万亿元，而且农产品的销售总额也非常高，平均每个合作社可分配盈余 5.3 万元，每个成员增收 1 403 元。2023 年 5 月 27 日，由农民日报社指导、中国农业生产性服务业联盟主办、北大荒农业服务集团有限公司协办的"第三届中国农业服务者大会"在北京召开。与会专家指出，截至 2022 年底，全国依法登记的农民合作社达 222.9 万家（与 2019 年相比增加了 2.9 万家），辐射带动近一半农户，纳入名录系统的家庭农场 400.4 万个，呈现良好的发展态势。

农民合作社通过与农民合作的方式对小农户进行整合。农民合作社一般要为社内的所有成员提供服务，比如提供生产资料、帮助农户售卖农产品、对农产品进行进一步加工，以及农产品运输等。在合作社发展的过程中，最关键的一步在于如何组织小农户，使其形成一定规模，进而推动农民合作社的发展，有效提升农民组织农业生产经营的整体水平，加快推进小农户与现代农业之间的融合。合作社在推进农业现代化发展的过程中，最根本的任务就是为内部成员提供多方面的服务，从而保证

小农户的根本利益，比如在农业生产经营过程中，帮助小农户降低生产成本、提升产品质量、增加利润收入等。合作社在推进小农户农业现代化发展的过程中，要保证组织行为和相关方式的规范化，并保障内部成员的合法权益，只有这样才能有效促进小农户与现代农业的有机衔接。

（二）农民合作社带动小农户与现代农业的融合

在小农户与现代农业衔接与融合的过程中，农民合作社可以从以下几个方面发挥自身的优势和促进作用。首先，农民合作社具有较强的自我服务和管理能力，而且小农户加入合作社的门槛较低。最重要的是在合作社中，小农户能够针对不同问题和情况充分发表个人的观点与意见，具有较强的话语权，这也在一定程度上为小农户发挥个人的主观能动性提供了空间。合作社可以通过实行联耕联种、发放年度分红与日常工资等方式为小农户带来收益，帮助小农户增加收入。

其次，合作社内的成员是自愿加入的，所以合作社在对内部成员进行管理时，可以采用相对民主的管理方式。合作社的最终目的是帮助小农户实现增产增收，所以其开展各种活动都应当从集体的角度出发。比如，合作社要为小农户统一购买优良品种，同时对小农户收获的产品进行统一收购和加工，在粗加工完成之后再进行统一销售。在整个过程中，合作社要加强小农户之间以及不同生产经营环节之间的联系，保证农业生产经营活动能够高效完成，最终增强农业生产经营活动的实际效果。加强不同小农户之间的联系，还能够加快市场信息的流通，便于小农户在交易过程中解决其遇到的相关问题。

最后，农民合作社也是一个中介平台，能够加强小农户和新型农业经营主体之间的联系。合作社通过与企业对接，能够对农产品进行筛选与处理，还能够根据市场需求对农产品的种植体系进行及时调整。在合作社的带领下，小农户可以省去中间商收购环节，不仅节约了交易成本，还能有效提高农民的收益，这对小农户规避流通风险和推进农业的现代化发展都具有极大的促进作用。同时，农民合作社在这一过程中还具有监督职能。

二、龙头企业带动小农户融入现代农业

（一）龙头企业促进小农户与现代农业衔接的优势

龙头企业是指以农产品加工或流通为主，通过各种利益联结机制与农户相联系，带动农户进入市场，使农产品生产、加工、销售有机结合、相互促进，在规模和经营指标上达到规定标准，并经政府有关部门认定的企业，包括国家级龙头企业、省级龙头企业、市级龙头企业、县级龙头企业。据农业农村部统计，2019年全国经县以上农业农村部门认定的农业产业化龙头企业超9万家，引领带动1.25亿农户。

农业龙头企业在促进小农户与现代农业衔接的过程中，可以适度发挥以下经营优势：第一，规模效应。农业龙头企业通常拥有大规模的农田和养殖场，可以利用规模经济效益，降低生产成本，提高生产效率。第二，品牌影响力。农业龙头企业在市场上建立了良好的品牌形象和声誉，消费者更倾向于购买其产品，增加销售额。第三，供应链优势。农业龙头企业对供应链进行有效管理，确保原材料的稳定供应，同时控制生产和物流环节，提高产品质量和交付效率。第四，技术创新优势。农业龙头企业投入大量资金和人力资源进行研发，不断推出新的种植养殖技术和工艺，提高产品品质和降低生产成本。第五，渠道优势。农业龙头企

业通常拥有多种销售渠道，包括自有门店、超市合作、电商平台等，能够覆盖更多的消费群体。第六，其他优势。如政府支持，农业龙头企业在地方政府中享有较高的地位支持，包括土地使用权、税收减免等，帮助企业稳定发展；品种优势，农业龙头企业经过多年的研究和培育，拥有一批适应市场需求的优质农产品品种，满足消费者的多样化需求；资金实力，农业龙头企业通常具备较强的资金实力，能够进行大规模的投入，提升产能和市场份额；环保意识，农业龙头企业注重环境保护，推行可持续农业发展模式，获得社会认可并吸引更多的资源合作伙伴。

龙头企业在促进小农户与现代农业衔接的过程中，一般需要以自身为依托，将小农户融入农业产业链中，作为农业产业链的重要一环。在这种模式中，不论是企业还是小农户都是非常重要的元素。龙头企业的规模相对较大，且拥有系统化的管理模式，同时具有较大的市场。所以，龙头企业与小农户进行融合，能够有效促进市场和小农户之间的联系，为小农户提供最新的市场信息和专业的科学技术知识，从多方面促进小农户的发展。

农业龙头企业作为小农户与现代农业有机衔接的重要载体和促进乡村振兴、实现农业农村现代化的重要力量，要明确定位、因势而谋、应势而动，加快引领农业农村优先发展。

（二）龙头企业带动小农户与现代农业的融合

在小农户与现代农业衔接与融合的过程中，龙头企业可以从以下三个方面发挥自身的促进作用。

第一个方面，龙头企业要积极向小农户普及现代科学技术知识，使科学技术知识和农业种植知识能够在小农户群体中得到快速有效的传播与推广。小农户也可以通过参与企业组织的培训和教学掌握一定的知识，进而将其运用到农业生产当中，解决在传统种植过程中遇到的问题，从而更好地进行农业生产经营。此外，龙头企业还可以通过线下与线上相结合的方式，定期组织小农户参加农业生产经营培训。

第二个方面，龙头企业可以在市场组织方面充分发挥自身的作用。龙头企业要积极对小农户进行引导，帮助小农户解决其在农业生产经营中遇到的各种问题。龙头企业可以通过统一购买生产资料和统一进行农产品销售等方式，保证企业自身生产经营所需的原料，进而组织小农户进行农产品深加工，增加农产品的附加值，从而获取更多的经济效益。与此同时，龙头企业也能在这一过程中为自己带来收益，满足自身的需求，实现自身的发展。综上所述，龙头企业能够帮助小农户解决农资购买困难、价格高等问题，同时还能对农作物进行统一收购，降低农户的农业生产成本，并为小农户带来相对可观的收益。

第三个方面，龙头企业可以发挥自身的引导作用，进行规模整合。小农户由于长期以家庭为单位进行农业生产经营，且具有分散经营的特点，所以很难实现规模化生产。而龙头企业的参与能够有效解决这一问题，实现对农村土地资源的统一管理。龙头企业通过发挥自身的带头作用，对小农户进行整合，能够推动规模经营活动的进行，有效提升小农户自身的市场竞争力。当然，在此过程中，龙头企业要始终为小农户提供相关服务，并且保证小农户的基本利益。如前所述，采用多主体融合的模式，即龙头企业、农民合作社与小农户共同合作，能够有效降低农资及农产品交易过程中的成本，最终实现互利共赢。同时，多主体在合作的过程中要共同承担风险，对各方主体来说都是有利的。因此，龙头企业在带动小农户向现代化发展的过程中，要根据实际生产经营情况制定相应的农业发展方案,有效促进农业生产、加工、销售的一体化,从而形成成熟的产业链,改变小农户单独作战的农业生产经营方式,实现规模化发展,最终推动小农户与现代农业有机衔接。

三、种植大户和家庭农场带动小农户融入现代农业

(一)种植大户和家庭农场促进小农户与现代农业融合发展的优势

通过研究可以发现,种植大户和家庭农场之间存在较多的相似之处。因此,在这里将种植大户和家庭农场归为一类进行研究。两者的规模都相对较大,而且在具体的工作中均以家庭中的亲近成员为主要劳动力,农忙时也会雇佣一些村民前来帮忙。但正因为经营规模相对较大,所以种植大户和家庭农场农业生产经营的机械化水平和专业化程度都相对较高。近几年来,种植大户和家庭农场都对我国农业发展产生了极大的影响,在推动农业现代化发展进程的同时,也为我国的小农户带来了一定的经济收益。除此之外,种植大户和家庭农场的规模化生产对缩小城乡差距也具有重要作用。比如,家庭农场的成员大多是家庭成员或者与家庭成员关系亲近的人,所以具有较强的集体行动能力,这样就可以有效降低监督成本。在对农产品进行收获和销售时,种植大户和家庭农场明显更加关注农产品的质量,这也是在农业现代化发展过程中两者的先进之处。

(二)种植大户和家庭农场带动小农户与现代农业的融合

在小农户与现代农业衔接与融合的过程中,种植大户和家庭农场的促进作用主要体现在以下三个方面:第一个方面,种植大户和家庭农场都要展现出模范带头作用,这是因为种植大户和家庭农场的规模相对较

大，在农业生产过程中可以对小农户进行积极引领和指导。当推广新型品种时，小农户通常会考虑到风险因素进而保持观望态度，所以相关研究单位通常会与种植大户或者家庭农场合作，选用小块土地进行实验，并展示实验成果，如果在实验过程中取得了良好的效果，那么新品种就有可能得到迅速有效的推广。种植大户和家庭农场发挥自身的带头作用引领小农户实现规模化生产，能够降低农业生产成本，从而获取更高的经济效益。另外，种植大户和家庭农场还可以与合作社、龙头企业协作，保持信息与技术交流，因此产生了"家庭农场+合作社"与"家庭农场+龙头企业"等不同的发展模式。

第二个方面，种植大户和家庭农场还可以与小农户签订合同，形成契约关系。这是因为农村人口到大城市进行务工已经成为一种趋势，且外出务工的大多是青壮年人群，这就导致在农村地区从事农业生产活动的人群存在老龄化的现象。在这一背景下，小农户可以通过土地流转或者承包、入股的方式将自己的土地经营权转移给种植大户，从中定期获取租金或者分红。种植大户、家庭农场在与小农户确定契约关系之后，要及时与小农户进行交流，成立专业的监督部门来保证小农户的基本权益，充分满足小农户的需求。

第三个方面，种植大户和家庭农场还可以为小农户提供一定的就业岗位和社会服务。虽然从目前阶段来看，很多种植大户和家庭农场在农业生产活动当中已经基本实现自动化，但是在进行精细调节的过程中仍然需要大量人力，这是因为很多机械设备尚无法对农产品进行精细化处理。所以，这些精细类型的工作只能依靠人工完成。因此，种植大户和家庭农场就需要雇佣村里的农闲人员，这样既可以保证农业生产活动的正常开展，同时还可以增加小农户的额外收入。如今，种植大户和家庭农场在发展过程中已经逐渐呈现出专业化发展的趋势,尤其是在育种、种植、收割方面,专业化程度相对较高,这也是其能够在农业生产经营上为小农户带来便利和帮助的重要基础。

四、不同主体促进小农户与现代农业有机衔接的评判标准

小农户是我国农业生产经营活动的主体,但是在我国农业现代化发展过程中,却存在着明显的小农户农业生产经营分散、规模小等问题,如果单独依靠小农户自身的力量,很难实现小农户与现代农业的有机衔接。因此,需要在当前阶段进行新型农业经营主体的培育,发挥新型农业经营主体的带动作用,改善小农户农业生产经营活动中的薄弱环节。

培育新型农业经营主体,能够有效促进小农户与现代农业之间的衔接。那么,新型农业经营主体在小农户与现代农业有机衔接的过程中发挥了怎样的促进作用呢?这就需要一定的评判标准或参考依据。虽然现阶段,关于这种评判标准并没有统一的定义,但我们可以在结合实际的基础上,从新型农业经营主体对小农户与现代农业衔接的促进作用着手,做好相关的评判工作,具体内容如下:

首先,新型农业经营主体要利用现代技术为小农户提供支持,保证小农户的农业生产经营活动能够顺利进行,并在指导小农户掌握必要的现代技术的同时,提升自身的技术水平。在推进农业生产活动时,要引导小农户学习现代技术,做好现代农业机械和设备的推广与普及工作,在新技术的作用下有效提升小农户的农业生产能力。互联网技术与农业的融合已经成为现代农业发展的一个重要趋势,所以新型农业经营主体可以在农业生产经营活动中积极推广物联网、大数据技术等现代信息技术,并以这些技术为基础,积极进行农业生产方式和农业经营活动的创新,

保证农业生产经营活动实现全面优化与升级。

其次,新型农业经营主体要为小农户提供具有针对性的专业化农业服务。小农户在独自进行农业生产经营活动时,因为生产水平较低且缺乏技术支持,所以容易产生诸多问题,而且无法有效解决。新型农业经营主体这时就要发挥自身作用,根据小农户的实际需求为其提供多元化的服务,解决小农户在农业生产和经营中面临的各种问题,让他们没有后顾之忧,进而促进农业发展。

再次,新型农业经营主体要积极组织小农户自主开展农业生产经营活动,提高小农户的组织化程度。小农户通常会因为分散地进行农业生产经营活动而无法形成合力,进而在问题解决、货物销售等方面处于劣势地位。新型农业经营主体能够有效地将小农户组织起来,使农民在进入市场时具有一定的优势,从而有效保证小农户的利益。

另外,新型农业经营主体能够充分带动小农户,使其融入市场。小农户在进行农业生产经营活动时,需要充分把握市场走向,以市场需求为导向从事农业生产活动。小农户自身获取信息的渠道比较单一,无法及时根据市场情况调整农业活动,而在新型农业经营主体的带动下,小农户能够及时获取市场信息并及时调整农业生产活动,从而保证农产品销路畅通,实现小农户与市场的有效对接。

最后,新型农业经营主体能够帮助小农户实现增收。在新型农业经营主体的作用下,小农户能够对生产要素进行有效组合,实现农村农业活动的集约化、专业化发展,延长农产品产业链,增加农产品的附加值,并使第一产业、第二产业、第三产业实现融合发展,为小农户带来更多的收益。

第三节 嵌入性理论指导下小农户与新型农业经营主体的衔接机制

一、嵌入性理论的发展及框架分析

嵌入性理论是新经济社会学研究中的一个核心理论。随着相关学者对该理论的进一步研究和发展,嵌入性概念逐渐得到了更多人的关注,并且经济社会学、社会资本、市场渠道等不同领域也对其进行了实证研究。

(一)嵌入性理论的发展

"嵌入性"概念在《大变革》[①]中第一次出现,后来又被应用到经济理论分析当中。《大变革》的作者卡尔·波兰尼认为,人类经济嵌入并与经济和非经济的相关制度相互联系,经济作为一个制度过程,始终嵌入在经济制度和非经济制度当中。所以,他在研究的基础上提出了互惠、再分配、交换三种不同形式的经济活动。在工业革命之前的非市场经济社会中,因为市场交换机制的统治地位一般,所以主要以互惠和再分配为主,并且同时嵌入社会和文化结构当中。在工业革命爆发之后,市场经济到来,由于经济活动主要由市场价格来决定,所以人们通常会按照

---

① 也被译为《大转型》《大转型:我们时代的政治与经济起源》《巨变:当代政治与经济的起源》。作者是卡尔·波兰尼(Karl Polanyi, 1886~1964年),匈牙利政治经济学家、社会学家,也是20世纪公认的有辨识力的经济史学家。

金钱收益最大化的方式来从事各种活动，这时的经济体制就是去嵌入的，也就是不受社会和文化结构的影响。

波兰尼在提出嵌入性概念之后，这一观点并没有引起其他学者的注意，但是他却在这一阶段明确提出"市场经济是去嵌入性的"这一观点存在一定的局限性，在一定程度上对这一观点进行了修正和改良，即认为市场经济也是嵌入在社会和文化结构当中的。

"嵌入性"概念对经济社会学的发展产生了非常深刻的影响。更多的学者认识到，要想对市场进行更加深入的研究且有效克服市场问题，必须深入研究人和组织所处的社会关系。1985年，全球知名社会学家马克·格兰诺维特对"嵌入性"概念进行了更深层次的阐述，这次阐述也将"嵌入性"概念推向了更高的阶段。同年，他在《美国社会学杂志》发表了一篇名为《经济行动和社会结构：嵌入性问题》的论文，这篇论文引起了广泛关注。格兰诺维特对嵌入性理论研究的贡献主要体现在三个方面：第一是对波兰尼提出的"嵌入性"概念进行了创新和发展，并且巩固了嵌入性理论的基础；第二是确定了经济社会学分析的基本假定；第三是提出了要将网络分析作为研究经济社会学的主要方法。

在格兰诺维特之后，有学者对这一概念进行了进一步拓展，并且提出了结构嵌入性、认知嵌入性、文化嵌入性和政治嵌入性等观点。其中，结构嵌入性和经济分析当中的网络化观点比较接近，另外三种观点则从内部个体认知和外部文化环境等角度对影响经济行为的嵌入性进行了分析。也有学者在原有理论的基础上进行了进一步分析，提出了要重新对嵌入性概念进行架构的观点，并且发现了嵌入性理论对经济学和社会学研究的重要推动作用。20世纪90年代末之后，随着相关学者的进一步研究和推动，嵌入性理论得到了进一步发展，也从新经济学领域实现了向外拓展，区域经济、产业集群、组织理论等也开始从嵌入性理论的角度出发进行探讨。

（二）嵌入性理论的框架分析

随着相关学者对嵌入性理论的不断研究，其内容也逐渐得到了丰富。这些学者在研究的过程中也开始尝试对嵌入性理论进行分类，最终形成了几种比较典型的框架，比如关系嵌入性框架、结构嵌入性框架、认知嵌入性框架、文化嵌入性框架、政治嵌入性框架、业务嵌入性框架和技术嵌入性框架等。

在嵌入性理论当中，结构嵌入性框架和关系嵌入性框架是比较经典的框架，也是在产业发展当中被引用最多的框架，该框架最早由格兰诺维特提出，在后来的研究当中，得到了广泛应用。结构嵌入性框架的理论基础是自然经济学当中的网络分析，通过对网络当中的参与者之间的相互联系进行研究，突出网络的整体功能和结构。另外，结构嵌入性框架还非常关注企业作为网络节点在社会网络当中的结构位置。这一框架的研究重点是网络密度以及企业在网络当中所处的位置对企业行为的影响。关系嵌入性框架的理论来源是社会学研究当中的社会资本研究，研究视角主要集中在互惠阶段的双向关系。这一框架主要利用关系内容、关系方向、关系的持续性和关系的前度来进行测度。格兰诺维特认为互动频率、亲密程度、关系持续时间和服务内容是衡量关系的四个重要指标。因为在关系嵌入性框架当中，行为主体之间的紧密程度、信任程度或者资源交换都会对企业的经济效益和未来发展造成影响。总而言之，结构嵌入性框架和关系嵌入性框架作为嵌入性理论的经典框架，在其理论研究领域得到了非常广泛的应用。两者之间的差别在于，关系嵌入性框架强调网络的关系特征，结构嵌入性框架则更加强调网络主体之间的结构特征。

认知嵌入性框架主要是指经济活动的活动主题会在行为选择的过程中被周围环境影响，进而导致行为主体的思维意识受到限制。比如企业长期以来形成的群体认知会对企业的战略选择以及日常运营造成影响。认知嵌入性观点对古典经济学当中的理性假设提出了怀疑，并且也因此解释了信息不对称情况下，基于经验产生的固有思维对个体决策造成的影响。

文化嵌入性框架主要是指行为主体在参与经济活动的过程中，行为选择会受到价值观念、个人信仰等内容的影响。国家不同、文化背景不同，选择倾向自然也会呈现出一定的差异。

政治嵌入性框架主要是指当行为主体处于相应的政治环境中时，政治体制、权力结构对其行为造成的影响。在经济合作当中，政府制定的政策会对区域内经济主体的经济活动造成明显的影响。

除了以上几种框架，还有学者在研究过程中提出了其他框架，比如许冠南提出了上游嵌入性框架和下游嵌入性框架。他认为在企业中，企业的上游供应商和下游客户之间具有共性和互补性，而且彼此之间还需要基于此建立起一定的合作关系，进而呈现出嵌入性的特征，最终保证企业实现专业化经营，形成规模效应。这种上游与下游共同合作最终产生的内在动力可以使企业形成更大的竞争优势。

在推进农业现代化发展的过程中，有必要促进小农户与新型农业经营主体之间的融合。构建中国新型农业经营体系的核心在于解决好新型农业经营主体和小农户之间的关系，即充分发挥新型农业经营主体的引领作用，进而带动小农户参与现代农业体系的构建，最终实现小农户与现代农业的有机衔接。但是，考虑到小农户在进行农业生产经营活动时可能会因为小规模的农业生产经营而面临着较高的社会成本，所以新型农业经营主体与小农户之间的融合不能仅依赖两者的契约关系，还要依赖政府的相关政策。因此，可以从嵌入性的角度对小农户与现代农业之间的有机衔接路径进行研究，进而有效探讨小农户与现代农业有机衔接的机制。

二、小农户与新型农业经营主体相互衔接的机制

促进小农户与现代农业的有机衔接，不仅仅要发挥新型农业经营主体的带动作用，还需要充分解决小农户自身在发展过程中存在的能力薄弱、外部资源要素匮乏等问题，而且要为两者融合选择合适的衔接载体。总之，在促进小农户与现代农业有机衔接的过程中，既要充分发挥市场机制的作用，促进资源优化配置，又要发挥好政府对小农户的扶持作用。此外，也要考虑到农业资源、农产品属性、农业生产力水平等因素对已有衔接模式的影响，以及不同衔接模式中小农户与新型农业经营主体之间的相互作用机制。

（一）以新型农业经营主体为核心的引领机制

1. 引领小农户从事农业生产经营活动

新型农业经营主体能够充分引领小农户从事农业生产经营活动，尤其是在我国农业生产经营格局不断优化、小农户将会长期存在并在农业生产经营活动中占据主体地位的情况下。因为家庭农场和种植大户都是由小农户发展而来的，而农民合作社本身就是以农户为主要成员形成的组织，所以在处理小农户与现代农业发展之间的关系时，要认识到普通

小农户在新型农业经营主体发展过程中具有的基础性作用。当然，也要认识到新型农业经营主体对小农户的带动作用。小农户作为主要的风险回避者，每当出现新品种或者新技术时总会保持观望态度，但是新型农业经营主体却可以在第一时间进行新品种和新技术的应用，进而提高自身的收益，从而更加直观地改变小农户对新品种和新技术的看法，缓解甚至消除小农户对潜在风险的顾虑，最终激发小农户利用现代农业生产要素的积极性。新型农业经营主体对小农户的带动作用主要体现为，新型农业经营主体在农业生产经营活动当中对基础农业设施的建设和投资，能够为小农户从事农业生产经营活动提供一个良好的基础环境；新型农业经营主体能够有效促进新技术和新品种的推广，而且能够引导小农户树立现代化的农业生产经营理念，进而提高小农户的农业现代化发展水平。

2. 引领小农户嵌入现代农业发展体系

新型农业经营主体能够帮助小农户嵌入现代农业发展体系，进而构建一个合理的利益共享机制。在市场经济条件下，新型农业经营主体之所以能够充分发挥自己的引领作用，促进自身与小农户之间的联结，是因为其能够通过与小农户之间的合作充分挖掘自身的农业生产潜能，实现农业增产增值。也就是说，在小农户与新型农业经营主体相互衔接的过程中，要以提升农业整体收益为衔接基础，进而保证二者收益都可以不断增加。这也意味着新型农业经营主体在和小农户衔接的过程中，要想建立长期稳定的合作关系，不仅要共同致力于整体收益的增加，还要在增加收益的同时做好利益的划分工作。

在小农户与新型农业经营主体相互衔接的过程中，不同衔接主体之间的利益联结不能仅仅局限于初级农产品，而要在初级农产品的基础上进行产业链的延长和优化,实现农产品产业链的延长,同时还要保证小农户的边缘位置得到优化,这样才能有效改善小农户与新型农业经营主体之间存在的话语权差异,最终实现不同主体的相互制衡,并对小农户的权益进行保障。需要注意的是,在小农户与新型农业经营主体相互衔接、融合的过程中,不能片面强调小农户短期收入的增加,而要帮助小农户实现可持续增收,提升小农户的自主发展能力。

近年来,很多合作社、家庭农场作为新型农业经营主体的典型案例,已经实现了农业规模化发展,并且有效提升了农业机械化水平,极大地提升了农业生产效率,成功探索出一条引导小农户与新型农业经营主体合作、促进小农户与现代农业有机衔接的实践模式。

这些典型案例之所以能够充分带动当地小农户的发展是因为:第一,在人均耕地面积相对较少的地区,可以通过设立农业专业合作社的方式进行土地流转,实现对土地的规模化经营,通过合作社内部资源积累和当地有关部门的政策扶持,提升小农户对机械设备的投资能力,为大型机械设备开展作业提供良好条件,进而有效推动当地农业生产经营活动的机械化水平,促进农业生产效率的稳步提升。通过引领小农户进行规模化农业生产经营活动给小农户带来更高的利润收入,从物质基础方面履行与小农户签订的契约,进而保证自身的稳定发展。第二,在从事农业生产经营活动时,可以因地制宜,选择不同形式的合作模式。在吸引小农户的过程中,根据不同的小农户的经营意愿,与小农户进行带地入社、土地租赁、土地托管三种不同形式的合作,进而最大限度地将分散耕地转变为规模化耕地。第三,可以建立完善的利益连接机制,进而实现农业增收。尤其是在合作社等新型农业经营主体成立之后,小农户的收入来源方式也会进一步丰富。小农户不仅可以通过利润分红和土地流转获得收入,还可以通过参与合作社的相关工作来获取固定的工资。总之,多样化的利益获得方式能够充分调动小农户的积极性。

3. 引领小农户实现农业现代化发展

新型农业经营主体是我国农业现代化发展的主导力量,在农业现代化发展进程中具有重要的引领作用。新型农业经营主体具有规模化生产、市场化经营的典型特征,尤其是和小农户相比,其在生产效率、市场竞争力方面具有非常明显的优势,所以能够代表农业现代化发展的方向。

新型农业经营主体能够引领小农户实现现代化发展,不仅仅因为其掌握了新品种、新技术、新装备,还因为其具有较强的市场反应能力和风险承受能力,能够在面对市场变化时积极进行自我调整,进而有效降低或抵御风险带来的不良影响。另外,新型农业经营主体在产业链和供应链方面也具有极大的优势,在农业生产经营活动中,能够利用这些优势获取更高的经济利益。此外,新型农业经营主体不仅在农业发展模式方面做到了创新,还能够有效促进农村地区第一产业、第二产业、第三产业的融合发展。总之,和分散经营的小农户相比,新型农业经营主体具有规模化、标准化、产业化等农业生产经营特征,更符合现代农业的发展趋势,在农业生产经营过程中能够有效实现农业资源要素的合理配置、优化,满足农业现代化发展的需求,同时对农业生产力提出了更高的要求。新型农业经营主体通过对农业生产经营结构进行优化,促进和深化了农业供给侧结构性改革,满足了广大消费者对农产品的多样化需求。

(二)以新型农业社会化服务主体为核心的赋能机制

农业社会化服务主要是指不同机构组织和个人为农业生产经营活

动提供的相关服务，包括农业生产之前、农业生产期间和农业生产之后的各个环节，涉及农业资源的提供、农业种植技术指导、金融服务、农产品销售等多个方面。新型农业社会化服务体系是以公共服务机构为依托、合作经济组织为基础、龙头企业为骨干、其他社会力量为补充，公益性服务和经营性服务相结合、专项服务和综合服务相协调的，为农业生产提供产前、产中、产后全过程综合配套服务的体系。新型农业社会化服务体系一般由农业技术推广体系、动植物疫病防控体系、农产品质量监管体系、农产品市场体系、农业信息收集和发布体系、农业金融和保险服务体系构成，供销合作社、农民专业合作社、专业服务公司、专业技术协会、农民经纪人、龙头企业是新型社会化服务的主要参与主体。2021年7月农业农村部发布的《关于加快发展农业社会化服务的指导意见》（以下简称《指导意见》）指出，"发展农业社会化服务，是实现小农户和现代农业有机衔接的基本途径和主要机制，是激发农民生产积极性、发展农业生产力的重要经营方式，已成为构建现代农业经营体系、转变农业发展方式、加快推进农业现代化的重大战略举措"。因此，在小农户与现代农业有机衔接的过程中，为了有效提升小农户农业生产经营活动的现代化水平，需要充分发挥农业社会化服务的支撑作用。

1. 通过社会化服务及时满足小农户的各种需求

农业社会化服务是随着社会生产力的不断提升，为了满足农业产业内各项工作的深化和分工需求而产生的。比如在种植业中，小农户需要使用的种子、化肥、农药、机械设备等农业资源，都需要专业部门为其提供；小农户需要的信息服务主要是由基层农业科技推广部门提供的；小农户需要的金融保险服务则可以由农村信用社提供。总之，在农业现代化发展过程中，小农户在各个环节所需要的服务都可以由专业的农业社会化服务组织为其提供，以此来保证农业生产经营活动的有效开展，充分提升农业生产效率。

农业社会化服务是小农户获取各种资源和信息的重要途径，也是实现小农户与现代农业有机衔接的重要方式。尤其是在小农户与新型农业经营主体相互合作的过程中，小农户从事农业生产经营活动所需要的各方面服务都可以由新型农业经营主体为其提供。小农户在试图依靠自身的力量促进传统农业生产要素的现代化转型时，会受到各种因素的限制，比如普通小农户在面对新品种、新技术或者新的农业生产经营模式时需要通过反复权衡利弊才能作出选择，而在新型农业社会化服务组织的指导下，小农户可以比较快速地了解其中的利弊，找到需要重点考虑的问题，及时地做出正确的选择，从而抓住机遇。

农业的现代化发展离不开专业的现代化的农业机械设备，但是小农户在从事农业生产经营活动时，又会因为农业生产经营活动的季节性而出现机械设备长期处于闲置状态的情况，这样就会造成资源浪费。所以，小农户在进行机械设备投资时会反复考虑，犹豫不决。另外，虽然现代农业技术能够有效提升农业生产效率，但是由于小农户的经营规模相对较小，因此仅仅依靠现代农业技术进行农业生产活动给小农户带来的实际增益比较有限。在这样的情况下，部分小农户虽然具备投资现代农业技术项目的实力，也会权衡由此带来的收益是否能够补偿高额的投资成本。上述因素往往会导致小农户进行传统农业改造和现代农业改革的意愿相对较低。另外，普通小农户进行传统农业改造的能力相对不足，比如家庭收入有限、投资能力不足；劳动力老龄化现象严重，无法满足农业现代化发展对劳动者提出的高素质要求等。在解决以上问题的过程中，农业社会化服务就显得至关重要。正是因为农业社会化服务的存在，现

第六章 新型农业经营主体带动下小农户与现代农业有机衔接的分析框架

代生产要素才能够有效引入小农户的农业生产经营活动当中,尽可能帮助小农户解决实际问题、克服自身不足,使小农户不必再承担更高的投入成本。

2. 通过社会化服务为小农户发展现代农业赋能

农业社会化服务能够通过赋能的方式对小农户进行扶持,帮助小农户实现现代化发展。自《指导意见》发布以来,各地充分认识到加快发展农业社会化服务的重要意义,根据当地实际合理确定农业社会化服务重点发展的领域、环节和组织形式,加强对当地农业社会化服务主体的组织领导,加强试点示范和政策扶持,培育了一批新型农业社会化服务主体,形成了一些新型农业社会化服务模式。尽管在实际的农业生产经营过程中,农业社会化服务赋能的完成情况会受到农业社会化服务供给情况的影响,但各地仍从农业机耕、排灌、病虫害防治、植物保护、农牧保险以及相关技术培训等方面不断积极探索、实践,为小农户发展现代农业赋能,并取得了良好的效果。

比如 2010 年成立于吉林省榆树市八号镇大岗村的晨辉农机专业合作社。该合作社在成立之后就将推广应用保护型工作技术当作主要业务,成为保护东北黑土地工作技术推广的主要代表。在经过多年的发展之后,合作社的社员也从原来的 5 人发展到 150 多人。在合作社的推广之下,使用保护性工作方式从事农业生产经营活动的土地面积已经达到 1.2 万亩,并充分发挥了自身的辐射作用,带动了周边农户的发展。通过总结实践经验可以发现,晨辉农机专业合作社正是通过为小农户提供生产性服务而获得了成功。该合作社通过示范应用的方式消除了小农户对新技术的疑虑,帮助小农户解决了玉米秸秆还田的难题。2016 年,晨辉农机专业合作社引进了新型玉米秸秆全覆盖栽培模式,并且在当地进行了示范应用。晨辉农机专业合作社通过示范应用的方式证明，使用新技术不仅能够有效解决秸秆处理问题，还能够有效提升保苗率。持观望态度的小农户不仅认可了这一技术，还主动向晨辉农机专业合作社购买了相关服务，进而实现了小农户和专业合作社的双赢。对晨辉农机专业合作社来说，通过为小农户提供专业的农业服务，不仅能够获得政府为其提供的技术补贴，还能够通过拓展自身的业务范围，提高自身的经济收益。通过进行实际测算发现，小农户在使用这一技术之后，每公顷的玉米生产成本降低了1 650元左右。这项数据足以说明，在市场经济条件下，通过构建完善的利益联结机制，能够充分发挥农业社会化服务主体的赋能作用，帮助小农户降低农业生产成本。

（三）小农户现代化农业发展能力的自主提升机制

历史和现实表明，小农户不仅是创造我国悠久农业文明的主体，还是当前及未来一段时期我国农业现代化的主体。结合这一基本国情与中华人民共和国成立后小农户在我国农业发展中的贡献与作用不难发现，小农户具有一定的自主发展能力。小农户有其脆弱性的一面，但更有顽强的生命活力，表现为一种有内在发展动力，能够灵活适应外部环境，不断吸纳外部能量，从而实现再生和延续的韧性，是一种"韧性小农"。"韧性小农"具有适应性、稳定性、灵活性、吸纳性和救助性的特征。[1]与农业生产经营规模较大的农业经营主体相比，家庭不仅是生命共同体，也是生活共同体，即使是在村集体或合作社这类较大的整体内，人们也主要是以家庭为单位开展生活活动的。

---

[1] 陈军亚.韧性小农:历史延续与现代转换来——中国小农户的生命力及自主责任机制[J].中国社会科学,2019(12):82-99.

第六章 新型农业经营主体带动下小农户与现代农业有机衔接的分析框架

在农业现代化发展进程中,小农户已经在机械化、科学化和市场化交易等方面呈现出一定的现代农业特征。尤其是在改革开放之后,随着农户持续分化的发展趋势,一些小农户通过土地流转发展成为具有一定规模的专业大户,他们在现代农业发展过程中展现出较强的自主发展能力,这种能力体现了小农户的"韧性"。由此也可以发现,在农业现代化发展过程中,小农户并不是只能被动地参与推进农业现代化发展进程的各项活动的。很多小农户已经具备了较强的现代农业发展能力,他们既具有较强的自主提升能力,还能够主动融入现代农业体系当中。所以,随着农业生产力的不断发展,小农户自身的农业发展能力也得到了有效提升。只是,由于小农户在自主提升的过程中存在一定的基础性差异,因此在依靠内在动力实现个人能力发展的过程中,其能力提升幅度并不相同。再加上受到农业资源、农业投资能力等因素的限制,最终只有一部分小农户的自主发展能力会得到提升,并且能够满足自身实现农业现代化发展的要求。但是在这一过程中,这部分小农户仍然能够在农业发展过程中充分体现出自身的自主性,这也是小农户与农业现代化发展有机衔接过程中不可忽视的因素。

为了有效提升小农户自我发展的能力,首先需要有效扩大农村土地的流转规模,使土地的经营权流转到那些愿意优先进行现代化农业生产经营的小农户手中,部分小农户的土地生产经营规模也会因此扩大。其次,部分农民开始向"职业农民""专业农民"转变,促使小农户的整体综合实力得到有效提升,尤其是在小农户成长为专业大户的过程中,这种转变在一定程度上代表了农业专业化的发展趋势。随着土地规模的不断扩大以及市场竞争的日益激烈,那些自主经营能力相对较强的小农户会在农业生产过程中不断寻求新技术和新机械的应用方法,积极接受新的农

111

业生产经营理念，还会主动参与农业技术培训，以此来提升自身的科学素养，并逐渐发展成为"专业农民"。

显然，小农户的自我发展与新型农业经营主体对小农户的扶持之间并不冲突，小农户自我发展能力的提升，恰好为农业现代化发展提供了一条全新的途径。换言之，要实现农业现代化发展，不仅需要发挥新型农业主体的带动和引领作用，还需要帮助小农户实现自我发展，充分发挥小农户自身的"韧性"。所以，在小农户自我发展的过程中，新型农业经营主体应该在尊重小农户主体地位的基础上，为小农户提供全面服务，充分激发小农户自身潜力和内在发展动力，有效引导小农户进入现代农业的发展轨道，将小农户嵌入现代农业发展体系，帮助小农户摆脱在独自发展过程中面临的各种约束和限制，有效拓展小农户的发展空间，帮助小农户走出一条更加适合自己的现代化发展道路，最终帮助小农户实现农业现代化发展。

以安徽省某村为例，该村是中国中西部地区的典型农业村庄，以种植粮食为主要的农业生产活动。通过分析该村农业收入对家庭收入和未来生计的影响差异可以发现，当前该村小农户主要分为保障生计类农户、辅助收入类农户、潜在退路类农户、规模收益类农户等几种类型。从该村的土地流转情况来看，村内主要以自耕经营、出租经营和规模经营三种经营方式为主。在这三种不同的经营方式当中，不同类型的农户使用的经营方式也不相同。通过对该村人口的实际情况进行调查可以发现，村内的农户分化情况非常明显，尤其是随着农村人口不断向外流失，部分土地闲置下来，部分小农户已经通过村内土地流转发展成为规模收益类农户。在农业生产经营能力逐渐提升的过程中，很多普通小农户主动学习、模仿规模化经营农户的生产模式和经营理念。由于缺乏创新型农业经营主体的带动以及社会服务的支持,该村不同土地经营方式并存,部分小农户也在不借助外力的情况下实现了自主发展。在农业现代化发展过程中,虽然小农户依靠自身力量进行现代化发展的速度比较缓慢,而且只有少部分小农户会在这一过程中实现现代化转型,但是毋庸置疑的是,充分激发小农户的内在发展动力,能够提高小农户发展现代化农业的能力,进而有效保障小农户自身的主体地位。

综上所述,在当前以及未来一段时间内小农户仍然构成我国农业经营绝对主体的前提下,认识小农户的韧性,更好地理解、实践党和国家提出的"小农户与现代农业发展有机衔接"的政策定位,积极进行"小农户与现代农业发展有机衔接"的实践,提升小农户的发展能力,能够使中国农业现代化发展夯实基础,注入活力。

第七章　新型农业经营主体面临的困境与案例思考

第一节　新型农业经营主体面临的共同困境

在促进小农户与现代农业有机衔接的过程中，家庭农场、农民合作社以及龙头企业作为新型农业经营主体所面临的困境，既存在一定的共性，也存在一定的差异。同时，在现代化发展的过程中，新型农业经营主体本身也面临着一定的困境。所以，有必要对这一情况进行深入、具体的讨论，以有效摆脱这些困境，更好地培育新型农业经营主体，进而真正发挥新型农业经营主体对小农户与现代工业有机衔接的促进作用。

一、组织机制不健全

这里所说的组织机制是指新型农业经营主体在人员、资源、管理、沟通等方面的安排。组织机制在新型农业经营主体的建设和发展中有非常重要的作用，合理的组织机制可以帮助新型农业经营主体在竞争中获得优势，更好地发挥其对小农户与现代农业有机衔接的促进作用，更好地实现自身的发展目标。组织机制不健全是新型农业经营主体在促进小

农户与现代农业衔接过程中面临的问题之一,具体体现在以下几个方面:

(一)组织机构及资源、人员管理方面

组织结构是指组织内部的职能划分和层级关系,通常包括部门、岗位、职责、权利等内容;资源管理是指对组织内各种资源(如资金、设备等)的配置、利用和监控等方面的管理;人员管理是指对组织内人员的招聘、培训、评估、晋升、激励和离职等方面的管理。以农民专业合作社的组织机构为例,根据修订后的《中华人民共和国农民专业合作社法》,农民专业合作社成员大会由全体成员组成;农民专业合作社成员超过一百五十人的,可以按照章程规定设立成员代表大会;执行与农民专业合作社业务有关公务的人员,不得担任农民专业合作社的理事长、理事、监事、经理或者财务会计人员;等等。然而当前,一些新型农业经营主体缺乏管理和运营经验,包括农业生产管理、市场营销、财务管理等方面的能力,从而导致组织机构混乱、组织运作不规范、效益低下,资源分配不合理或利用效率不高,人员分工及权责不清,严重影响了新型农业经营主体自身的稳定发展与其积极作用的发挥。

(二)决策、沟通与监督机制

决策机制是指组织内部的决策流程和规范。它包括决策层级、决策程序、决策依据等方面。同样以农民专业合作社为例,修订后的《中华人民共和国农民专业合作社法》规定,农民专业合作社成员享有下列权利:(1)参加成员大会,并享有表决权、选举权和被选举权,按照章程规定对本社实行民主管理;(2)利用本社提供的服务和生产经营设施;(3)按照章程规定或者成员大会决议分享盈余;(4)查阅本社的章程、成员名

册、成员大会或者成员代表大会记录、理事会会议决议、监事会会议决议、财务会计报告、会计账簿和财务审计报告；（5）章程规定的其他权利。但是在实际的农业生产经营活动中，农民专业合作社成员的上述权利却没有得到很好的保障，存在少数人决策、缺乏沟通、监督不力等情况。最重要的是，新型农业经营主体在带动小农户与现代农业有机衔接的过程中，小农户的意见很难得到重视，很多时候都是管理层和股东说了算，小农户作为普通的成员，在农业生产经营活动当中基本没有话语权。比如合作社或者企业当中的各种规章制度，体现出来的其实都是管理层的意志，小农户只是借助这一平台实现生产效率的提升，进而获得更高的收入。不健全的组织机制不仅会对整体组织结构的稳定造成一定影响，还会导致农业生产效率下降。在小农户的意见长期不被重视且无法被采纳的情况下，必然会出线沟通不畅的问题，甚至埋下隐患。这对新型农业经营主体的健康运行和小农户自身能力的提升非常不利。

此外，新型农业经营主体之间缺乏有效的协同合作机制，导致规模较小的新型农业经营主体资源整合和利益协调能力有限，难以形成优势互补、风险共担的合作模式，限制了其发展进度和整体效益。

（三）组织效率有待提升

在农业现代化发展过程中，新型农业经营主体通常需要对小农户进行积极组织，以实现规模化生产。然而在长期的农业生产经营活动当中，小农户已经逐渐形成了固定的农业生产经营习惯，要在短时间内让他们有所改变，难度相对较大。虽然在新型农业经营主体的带领下，小农户的种植能力和个人水平都会有所提升，但是他们的工作内容仍然非常简单，这就使小农户个人能力的发展具有较大的局限性。同时，部分新型农业经营主体向小农户推广的农业技术难度较高，甚至他们自己也未完全理解、掌握新知识和新技术，再加上小农户缺乏强烈的规则意识等因素的综合影响，新型农业经营主体与小农户之间的信任度不高，这些问题严重影响了二者之间的合作。对小农户来说，土地是他们获取收入的主要方式，也是他们的基本保障，对他们个人来说意义重大，所以在进行土地经营权流转和面对新型农业经营主体的组织时，小农户会产生顾虑，导致组织效果不够理想，无法充分引导小农户实现现代化发展。由此可见，新型农业经营主体在农业现代化发展过程中的组织效率也有待提升。

二、资金问题难解决

在农业现代化发展的过程中，新型农业经营主体主要存在融资难、运营成本高、获取金融服务的途径有限等问题，这些问题导致其资金问题难以得到有效解决。

一方面，新型农业经营主体在采购设备、种子农药、养殖饲料等方面面临着较高的成本，同时还要承担生产、运输、销售等其他方面的费用，因此资金需求较大，而且资金不足还可能导致运营风险的增加。另一方面，一些地区的涉农金融服务仍有不足之处：传统金融机构对涉农金融服务的投入相对较少，针对新型农业经营主体的金融产品和服务相对匮乏；信贷担保体系不完善；缺乏适应新型农业经营主体需求的金融工具和服务；等等。

新型农业经营主体在引导小农户与现代农业有机衔接的过程中，主要是通过向银行贷款、接受政府补助或者向民间借贷等方式解决自己及小农户面临的融资问题。然而，银行贷款这一获取资金的渠道通常存在贷款流程比较复杂等问题，而银行机构出于资金安全的考虑，在进行贷款审批时，会对贷款金额、贷款期限、贷款利率等内容进行严格规定，这样的情况经常会让新型农业经营主体望而却步，在一定程度上也会阻碍新型农业经营主体的发展。此外，在银行进行贷款时，贷款人通常需要有一定的抵押物，但是家庭农场和农民合作社等新型农业经营主体缺乏有效的抵押物，所以很难获得银行的资金支持。从我国政府的财政支持来看，政府部门的财政资金主要是以帮助农村进行基础设施建设和帮助传统小农户为主，补贴力度相对较小，实际的支持效率比较有限，在多重因素的影响下，新型农业经营主体的资金问题往往得不到有效解决。

三、农业生产缺乏保障

农业保险作为分散农业生产经营风险的重要手段，对推进现代农业发展、保障农民收益具有重要作用。中研普华产业研究院发布的《2022-2027年中国农业保险行业市场深度调研及投资策略预测报告》显示：据统计，我国农业保险补贴品种已扩大到天然橡胶、油料作物等16个大宗农产品及60余个地方优势特色农产品，基本覆盖关系国计民生和粮食安全的主要大宗农产品。与过去相比，如今农户对农业保险的认知已有所提高。截至2022年，我国农业保险保费收入达到1192亿元，同比增长26.30%，是全球农业保险保费规模最大的国家。与过去相比，如今我国农户对农业保险的认知虽有所提高，但农民意愿不强、企业动力不足的问题仍然存在。

此外，由于农业保险风险的高度相关性和可预见性的不确定，比如暴雨洪水灾害、旱灾、冰雹霜冻灾害等自然风险一旦发生，就会导致大量巨额损失同时发生，致使保险公司很难利用大量的风险单位分摊损失的方式来降低损失,从而面临重大的财务风险;很多自然灾害发生的不可预见性,使保险精算和赔付难度增大,进一步加大了保险公司损失的可能性,农业保险对农业生产的保护作用也会受到一定影响。因此,我国仍需通过试点等方式,进一步探索和构建完善的农业保险产品体系,帮助新型农业经营主体分散风险,为新型农业经营主体的现代化发展服务,为小农户与现代农业的有机衔接保驾护航。

四、社会化服务不到位

近年来,虽然各地一直在积极开展农业社会化服务工作,并取得了可喜的成效,但人们对农业社会化服务工作仍然不够重视。部分地区在发展农业社会化服务方面仍面临许多困难,无法很好地为新型农业经营主体和小农户提供相关服务。

从大的方面来讲,农业社会化服务主要由政府、企业、专业合作社和个体农民等多个主体提供,但各主体之间缺乏有效的协同机制,服务主体不清,导致服务质量不稳定;农业社会化服务内容主要集中在种植、养殖和物流等领域,服务内容单一,农民对农业社会化服务的需求和服务提供者的服务内容存在信息不对称的问题,导致农民无法获得高质量的服务,服务提供者无法满足农民的多样化需求;多方协同互助、信息共享的机制尚未完全建立,影响了农业社会化服务的可持续发展和有效运行。

具体到村集体层面,农业社会化服务不到位的问题主要体现为以下几点:一是县乡(镇)公益性服务机构的人才队伍不稳等问题依然存在。技术服务人员知识断层与知识老化问题严重;农技服务队伍人员不稳定,留不住人才。二是村集体农业社会化服务力量需要加强。总的来看,村级集体经济组织为农户提供的社会化服务普遍较少，并且以产前和产中服务为主，农业产后服务比较薄弱；村级集体经济组织提供的社会化服务大多是自发性的，收费性的服务项目比较少；村干部比较重视农业社会化服务，但大多是零散的，有计划向农户提供服务的并不多。三是农民专业合作组织的决策机制和运行机制需要完善，其带动能力还不能完全满足广大农民和农业发展的要求。农民专业合作服务组织和农户之间多为松散连接，在不同程度上存在着管理水平不高、服务不到位等问题，无论是在数量还是在质量上都不能满足农民的需求和新形势发展的要求。

第二节 新型农业经营主体促进小农户与现代农业有机衔接的案例思考

一、具体案例

在农业现代化发展过程中，培育新型农业经营主体，能够为小农户与现代农业有机衔接提供新的方式与路径，对乡村振兴具有积极的促进作用。因此，有必要对新型农业经营主体发展的相关案例进行分析和研究，并总结先进的做法，为农业现代化发展提供参考。

（一）上海市松江区李春风家庭农场

根据（中国）上海市第七次全国人口普查主要数据公报（来自红黑统计公报库）和2019年上海市松江区国民经济和社会发展统计公报，2019末至2020初上海市松江区全区常住人口177.19万人，比上年增长

0.6%，其中，本市户籍常住人口 70.88 万人，比上年增长 1.1%；外省市来松常住人口 106.31 万人，比上年增长 0.2%。本区户籍人口 65.95 万人，比上年增长 2.1%，其中城镇人口 51.99 万人，比上年增长 2.5%。2019年，全年实现农业总产值 19.48 亿元，比上年增长 14.7%。其中，种植业产值 7.71 亿元，比上年增长 1.9%；畜牧业产值 4.14 亿元，比上年增长 46.4%；林业产值 3.95 亿元，比上年增长 35.1%；渔业产值 0.60 亿元，比上年下降 14.2%；农林牧渔服务业产值 3.08 亿元，比上年增长 4.1%。2019 年，全区家庭农场发展至 906 户，经营面积 13.78 万亩，其中机农一体 657 户，种养结合 91 户。家庭农场主李春风作为上海唯一的农民代表，登上国庆 70 周年"希望田野"方阵彩车。上海市松江区能够在农业发展上取得良好的成绩，与该区域内家庭农场的现代化发展密不可分。

松江区为上海市辖区，位于上海市西南部，该区域内的居民大多从事非农工作。

中国数字科技馆转载的文章显示，在 2012 年左右，松江区从事非农工作的居民比例已经高达 97%。通过这项数据可以发现，当地的农户对土地的依赖程度相对较低，因此该地区进行土地流转的先天条件相对较好，适合采用家庭农场经营模式发展农业，对土地进行有效利用，进而积极推进当地的农业发展。于是松江区结合实际，以顶层设计为先导，开展了包含家庭农场模式在内的各种创新实践，李春风家庭农场就是在这样的背景下逐渐发展起来的。

李春风家庭农场成立于 2008 年，位于上海市松江区泖港镇，是一家集品牌稻米绿色生产、生猪饲养和现代农机服务"三位一体"的集约型家庭农场。在成立之初，整个家庭农场的粮食种植面积大约有 117 亩，后来随着家庭农场的进一步发展，李春风开始尝试在种植的基础上进行养殖，并且在2013年成立了农业机械互助站。2015年，他成立了上海万群粮食专业合作社；2016年，他注册了"李春风"牌大米商标。2019年，上海市松江区李春风家庭农场成功入选第一批全国家庭农场典型案例，李春风家庭农场的大米产品被中国绿色食品发展中心认证为绿色食品A级，农场大米总产量达到2.4万公斤，粮食种植的净收入就有40万元左右，每年从事生猪养殖的收入也有十几万元。在发展的过程中，李春风不断积累经验，通过"提高机械化水平，开展规模化经营""实行种养结合，大力发展循环农业""延伸产业链条，从'卖稻谷'走向'卖大米'""加强品牌建设，提升农业产业效益"等方法，最终让自己的农场走上了现代化发展的道路，并且真正实现了规模化发展。

  李春风在推进家庭农场发展的过程中，非常注重农业机械化发展。针对农场内部的种植工作，他加大了稻田种植技术的引进力度，并积极开展机械化农业生产工作，而这也是该家庭农场能够实现规模化发展的主要原因之一。在国家相关政策的支持下，李春风结合上海市松江区的特色，自行出资购买农业机械设备，使农业生产效率得到了极大的提升。同时，他还与村内的其他小农户建立了服务合作机制，并成立了农机合作社，为村内的1500多亩耕地提供了机械设备服务，这不仅保证了自己的机械设备能够得到有效使用，还增加了自己的净收入。通过将种植与养殖进行结合，李春风家庭农场实现了农业的循环发展。2011年，他向政府部门申报建立种养结合的家庭农场，使家庭内部的养殖业和种植业实现了协调发展，并且达到了相互促进、相互发展的效果。通过种植和养殖的相互结合，家庭农场内部实现了生态循环，不但提升了农业生产效率，而且对农场内部的环境起到了良好的保护作用。在农场内部，用养殖产生的动物粪便给农田施肥，既减少了化肥的使用量，又提升了土壤的肥力，同时还优化了农场内部的环境。

李春风为了提升家庭农场的知名度，还积极进行了农产品品牌建设，打造了具有自身特色的独特品牌，同时对农场内部种植的大米进行了商标注册，进一步增加了产品的附加值，这些都为家庭农场带来了更高的效益。

从李春风家庭农场的发展模式来看，其中有很多值得借鉴的经验和价值。该家庭农场的发展模式主要由政府主导、设计，首先在政府的支持和帮助下，农村地区引进了合作经济组织，并且对农业合作组织体系进行了设计。其次，政府制定的社保制度，使当地农民对土地的依赖性进一步减少，同时加速推进了农村土地流转，为当地的农业规模化发展奠定了基础。此外，当地的财政补贴制度相对来说比较完善，也为家庭农场的发展提供了极大的保障。财政补贴内容涵盖了从农产品种植到农产品销售的整个过程，补贴形式也非常多样化，这些都为当地实施家庭农场这种农业发展模式提供了充足的内在动力和外在支持。

由于政府的参与和主导，当地在实施家庭农场经营模式时，大部分农业资源都需要由政府进行配置，包括人才配置、机械设备配置和资金供应等。因此，新型农业经营主体也在一定程度上承担起了农业市场的部分职能。正因为有了当地政府的参与和帮助，所以这一模式才能在松江区地区得到极大的发展和推广。归根结底，松江区家庭农场模式的成功得益于政府的合理参与。

（二）商水县天华种植专业合作社

商水县天华种植专业合作社成立于2009年，位于河南省商丘市商水县位集镇许寨村,是在当地农业部门的指导下发展起来的一家集种植、管理、收储、销售、农机植保服务于一体的综合性农民专业合作社。该合作社不仅严格遵循当地的规章制度,还在合作社内部制定了科学合理的员工培训制度,通过对合作社的成员进行科学化管理,合作社取得一系列成绩。商水县天华种植专业合作社还创新性地开办了粮食银行,农民可以将自己的粮食存入"银行",随时提取,并且可以享受粮食增值带来的收益。在粮食银行储存粮食有三种不同的方式:第一种方式是农民自愿将粮食存入合作社的粮食银行;第二种方式是合作社直接派遣服务团队到田间收取农民的粮食,这种方式不仅能够帮助农民解决运输困难的问题,还能够帮助农民解决卖粮困难的问题;第三种方式是当收获的粮食湿度较大时,农民可以到合作社使用相应的干燥设备对粮食进行干燥处理,处理完成后再将粮食储存到粮食银行。

在粮食银行进行取款也有三种不同的方式:第一种方式是农民可以在储存粮食之后选择直接提现,届时合作社会根据粮食的市场价格进行现金折算,然后向农户支付;第二种方式是农民暂时不收取粮食或者现金,而选择将自己的粮食存在粮食银行,而且每月会有5厘的利息,这比普通银行的存款收益更高;第三种方式是对粮食进行定期储存,这种方式获得的利息更高。从以上内容可以发现,农民可以根据自身的实际情况选择不同的粮食储存方式和结算方式。最重要的是,农民只需凭借自己的存折就可以在合作社中对任意商家进行付款,也可以参与与合作社相关的日常消费活动。

在合作社内部还可以进行土地托管。土地托管也有多种不同的方式:第一种方式是半托管方式,这种托管方式的期限是半年左右。小农户可以根据自身的实际情况选择不同的服务内容,并且委托合作社对土地进行经营。第二种方式是全托管方式，也就是将一整年的土地生产经营权托管于合作社，但是需要针对合作社提供的项目支付一定的费用，合作社则会在这一过程中为农户提供粮食生产服务。第三种方式是全村土地托管模式，这种模式的主要目的是实现村委会和合作社之间的合作，形成"村委会+小农户+合作服务"的全新模式。合作社通过托管的方式对农村地区的土地进行开发，还会在这一过程中积极招收、培养种植技术人员，从而实现对农村土地的全程管理。小农户则需要通过入股的方式将土地交给村集体经营，村集体再通过外包的方式将土地交由合作社进行生产经营。

从商水县天华种植专业合作社的发展经验来看，该合作社与传统农户分散经营的方式存在较大的区别，通过合作社的经营管理，不仅能够有效节约成本，还能够给小农户带来更高的农业收益，保证农业生产效率的有效提升，尤其是在提高农民收入方面，合作社具有较大的优势。合作社通过标准的制度对农村土地进行集体化和规模化经营，有效减少了农业生产过程中需要消耗的各种成本，同时通过规模化经营最大限度地产生利益和降低风险。通过对农村地区的土地进行不同形式的托管和规模化经营，服务机构还可以以相对低廉的价格为农民提供相关服务，在不需要承担风险的情况下就能够获得一定的服务收入。

土地托管降低了种地成本，提高了产量，提升了品质，增加了村集体的收入；"粮食银行"较好地解决了农家日常粮食储藏保管等方面不科学和占地等问题，提高了农民种粮的积极性。商水县天华种植专业合作社通过"生产托管""整村生产托管""粮食银行"三种模式，实现了粮食产前、产中、产后农业社会化服务"一条龙"，实现了农民、合作社、村集体三方共赢。

因此，我国的粮食种植大省可以借鉴这种土地托管的农业生产经营模式，进行规模化农业生产经营。在进行粮食种植时，需要的相关技术相对简单，土地托管的方式也能够将土地集中起来，方便大型机械作业，这些都能够有效解放生产力，提升生产效率。合作社还可以与一些上游企业合作，通过订单的方式进行农业生产，进而保证农产品稳定销售，最终有效提高农民的收入。

（三）重庆市武隆苕粉集团有限公司

重庆市武隆苕粉集团有限公司（以下简称武隆苕粉集团）成立于2017年，总部位于重庆市武隆区羊角镇大庄一巷，是一家以从事农副食品加工业为主的企业。据中新网重庆新闻7月17日电，2022年，在重庆银行武隆支行的助力下，武隆苕粉集团逐渐做大做强，并入选"2023年重庆市专精特新中小企业"认定名单。该集团结合产业发展特点，探索出了"公司＋集体经济/合作社＋农户"的产业联合体经营模式，通过"六统一"（统一原料、统一用具、统一标准、统一组织、统一技术、统一品牌）整合推动产业集群发展，带动8个乡镇20余个村1 000多农户、种植近万亩，发展加工户48户，解决就业岗位600余个。重庆银行武隆支行将信贷资金精准注入加工核心企业和上游红苕种植合作社、农户，累计为种植户及合作社贷款7 000余万元。

农业产业化龙头企业是推动农业产业化发展的主力军，各地应因地制宜，结合自身发展实际，积极借鉴如上述案例所示的农业现代化发展的有益经验，充分发挥当地农业产业化龙头企业对小农户与农业现代化有机衔接的促进作用，发展特色农业，打造特色农产品品牌，加快推动农村产业结构调整。

特色农业是以追求最佳效益即最大的经济效益和最优的生态效益、社会效益和提高产品市场竞争力为目的，依据区域内整体资源优势及特点，突出地域特色，围绕市场需求，坚持以科技为先导，以农村产业链为主，高效配置各种生产要素，以某一特定生产对象或生产目的为目标，形成规模适度、特色突出、效益良好和具有较强市场竞争力的产品的非均衡农业生产体系。实行农业产业化经营是对农业和农村实行区域化布局、专业化生产、市场化经营、社会化服务、企业化管理的一种经营形式，它通过公司、基地和农户的纽带关系，集种植、加工、供销、农科教为一体，能更好地适应市场的需要，促进农民增收。在发展特色农业中要充分发挥龙头企业、专业技术协会等的作用，延长农业的产业链条，推动农业生产结构升级。因此，各地可以充分开发和利用农村特色资源，深入研究发展特色农业的意义，调整和优化农业结构，延长农业产业链，增加农民收入，为当地小农户实现与现代农业的有机衔接奠定良好的经济基础。

二、经验总结

第一，在发展新型农业经营主体的过程中，要立足不同地方农业发展的实际情况，做到因地制宜，只有这样才能充分满足当地及小农户的农业发展需求。客观来讲，不同地区的地理位置、自然资源和发展特色都有差异，所以在培育和发展新型农业经营主体时不能完全照抄其他地区的优秀做法，而要以自身的实际情况为基础，有针对性地进行新型农业经营主体培养。比如，上文提到的上海市松江区的李春风家庭农场，该农场就以当地特色为基础发展了粮食农场，并且形成了种养一体化的特色农业；商水县天华种植专业合作社和重庆市武隆苕粉集团有限公司也是以当地的实际情况为基础发展起来的，其采用的策略均符合当地农业发展需求。同时，在发展新型农业经营主体时，不能一味追求扩大规模，而要选择与当地农业发展需求相适应的规模，并将发展规模控制在自己能力所及的范围之内，只有这样才能充分利用当地资源，避免造成资源浪费。在这一方面，就可以借鉴上海市松江区李春风家庭农场的做法，该农场规模适度，并且采用了适合自身发展需求的生产经营模式，生产经营效率很高，收益非常明显。由此可见，在农业现代化发展过程中，并不是规模越大收益越高，生产经营规模是需要根据实际情况进行规划的，要充分考虑到国家政策和管理者的能力，并且要随时根据实际情况进行调整，从而充分实现农业资源的最优配置。

第二，需要积极培育多种新型农业经营主体，促进不同主体之间的协作，最终实现多种经营主体共同发展的目标。在农业现代化发展过程中，家庭农场、农民合作社、龙头企业等新型农业经营主体之间并不是相互独立的，不同的新型农业经营主体既有各自的优势和特色，同时也可以在发展过程中进行融合、相互帮助、加强合作。因此，新型农业经营主体能否与其他主体进行有效合作也是检验农业经营主体是否具有强大生命力的一个重要标准。在农业现代化发展过程中，很多地区都尝试了"龙头企业+合作社+小农户"的合作模式，各方主体都能够在这一过程中获利，并能够有效推进农业现代化的发展进程。在这一模式当中，小农户种植的农产品能够获得稳定的销售渠道，龙头企业能够拥有稳定的原材料来源，合作社通过组织小农户进行规模化发展，并为小农户提供专业化服务，也可以从中获益。合作社在这一过程中起到了中介的作用，不仅能够帮助龙头企业和小农户形成更加稳定的利益关系，同时也可以帮助小农户更好地享受现代农业发展带来的成果，而且能够帮助龙头企业提升对各种资源的利用效率。

第三，要积极培养新型职业农民。新型职业农民不同于传统意义上的小农户，虽然从事农业生产经营活动仍然是他们的主要工作，但是在具体的劳动过程中，新型职业农民通常具有较强的管理能力和带动能力，他们可以掌握全新的知识和技术，能够有效提升农业生产种植的技术水平。因此，在推进农业现代化发展的过程中，需要积极地对小农户进行培训，有效提升他们的职业素养，进而将其培育成新型职业农民。比如，在农业种植方面，在帮助小农户掌握种植理论知识的同时，也要鼓励他们积极进行实践，丰富他们的种植经验。培训可以通过线上和线下培训相结合的模式进行，线上培训即网络培训的方式，能够促进知识和技能的传输，让农民更加扎实地掌握相关知识和技术，提升他们的综合素养；线下培训即通过面对面的方式与农民沟通、交流，使农民在种植的过程中掌握必要的种植技术，懂得管理和运营的理念，从而提升其参与农业生产经营活动的积极性，为其更好地从事农业生产经营活动增添活力，让其有能力自主解决农业生产经营过程中遇到的各种问题，真正实现农业的现代化发展。政府也需要积极对小农户进行引导，鼓励各地小农户进行专业技能学习，为农业发展提供充足的动力，让农民成为一种具有吸引力的职业，进而提高农民的收入，为其生活提供保障。只有这样，才能让农民在农业种植过程中，感受到这一职业的优势，并且吸引更多优秀的人才回到乡村。

第四，培育新型农业经营主体、实现农业现代化发展还需要政府的大力支持。无论是上海市松江区刘春风家庭农场，还是商水县天华种植专业合作社和重庆市武隆苕粉集团有限公司，他们的成功发展都离不开政府为其提供的资金、技术和政策等支持。政府为新型农业经营主体提供技术支持和基础设施支持，能够为新型农业经营主体发展提供良好的基础条件。同时，政府财政补贴和税收优惠等资金方面的支持，能够进一步促进新型农业经营主体的发展。为了充分发挥政府对新型农业经营主体发展现代农业的促进作用，各地有关部门需要针对新型农业经营主体建立完善的管理服务机制，有效提升新型农业经营主体自身的经营管理水平。完善的审核制度，有助于明确新型农业经营主体的发展条件，保证政策扶持的精准，为新型农业经营主体的发展指明方向。

第八章　研究结论与对策建议

第一节　研究结论

首先，积极培育新型农业经营主体，能够促进小农户与现代农业的有机衔接。基于小农户仍是我国农业生产经营活动主体的基本国情，要实现农业现代化发展，就必须带动小农户实现现代化。然而，在农业生产经营过程中，小农户存在"小""散""弱"等不同的问题，单独依靠小农户自身的力量实现现代化的难度相对较高。因此，通过培育新型农业经营主体，带动小农户与现代农业的发展就成为一种比较有效的方式。但是，我们必须承认，在新型农业经营主体带动小农户与现代农业发展有机衔接的过程中，仍然存在很多难题，比如缺乏充足的资金、农业保险相对滞后、经营者的整体素质相对较低等，这些问题都在一定程度上影响了小农户的现代化发展进程。所以，我国在促进新型农业经营主体发展，以及通过新型农业经营主体带动小农户农业现代化发展的过程中，需要积极借鉴相关经验，因地制宜，培育适合当地实际情况的新型农业经营主体，在此基础上逐步将小农户引到正确的发展轨道上。

其次，从家庭农场的层面来看，家庭农场具有规模化经营的特点，在带动小农户现代化发展的过程中具有不可替代的作用。家庭农场在发挥引领作用时，能够充分考虑到小农户自身的发展意愿，进而通过承包等方式获得小农户的土地经营权，并形成一定的经营规模，然后对土地进行统一经营，有效解决了农村地区劳动力转移和兼业化的问题。此外，由于农业生产经营活动的季节性特征，所以在实现小农户现代化发展的过程中，还需要科学应对潜在的各种风险。家庭农场的经营模式具有高灵活性、高自觉性等特点，可以有效实现精耕细作，能够逐渐解决农业生产经营过程中的一些问题，帮助小农户规避上述风险。同时，家庭农场能够做到积极应用新技术和使用新品种，并且具有良好的模范带头作用，能够积极引导小农户使用新技术。近年来，全国各地的家庭农场数量不断增加，其经营范围也逐渐从种植业发展到渔业、养殖业以及种养结合的新业态。但是从目前的实际情况来看，土地流转的效率相对较低，在一定程度上影响了家庭农场的扩大和发展，也在一定程度上影响了家庭农场促进小农户与现代农业发展有机衔接的效果。

另外，从农民合作社的层面来看，在发展农民合作社时，需要认识到合作社在组织小农户方面具有先天优势，农民合作社在引导小农户与现代农业有机衔接的过程中的作用也非常明显。农民合作社可以为小农户进行农业生产经营活动提供各种相关服务，保证小农户在产前、产中和产后各个阶段都能够提升工作效率。在从事农业生产经营活动时，农民合作社可以充分发挥自身的组织能力，对分散的小农户进行整合，有效提升小农户的农业生产经营水平，进而帮助更多的小农户解决其存在的农业生产经营问题。在小农户与现代农业有机衔接的过程中，农民合作社起到的主要是中介作用，他们需要监督小农户的生产经营行为，使小农户及其合作者能够按照相关的规定履行合约，从而进一步提升小农户在市场中的地位，降低小农户可能面临的风险。因此，近些年来农民合作社的数量不断增加，服务范围也越来越广泛，带动了越来越多的成员参与其中。然而，在农民合作社数量不断增加的同时，也暴露出了一些问题，比如农业合作机制不够规范，部分合作社无法充分发挥其应有的服务功能，导致其无法有效促进小农户与现代农业之间的相互衔接。

最后，我们也需要认识到农业龙头企业在促进小农户现代化发展过程中所具有的作用。一般来说，龙头企业大都具有较强的资本运作能力和经营管理能力，他们能够对劳动力、技术、资金等各种资源进行优化配置，保证各种资源充分发挥应有的作用。同时，很多龙头企业还通过与合作社和小农户合作，对农作物进行订单式收购，加深了自身与其他新型农业经营主体之间的联系，促进了农业产业链的延伸，使整个农业市场得到了进一步拓展。在龙头企业的引领下，部分地区实现了第一产业、第二产业、第三产业的融合发展，为农村农业发展开创了新的道路，帮助更多的小农户实现了增收。但是，一些龙头企业和小农户之间的利益联结机制还不够完善、彼此地位不够平等，导致小农户在此过程中处于劣势地位，甚至对小农户的实际利益造成了严重影响与损害，使小农户与现代农业的有机衔接也受到了影响。

第二节 小农户与现代农业有机衔接的总体思路

一、加强党的领导

坚持党的领导是推进农业现代化发展的重要保证，更是有效促进小农户与现代农业有机衔接的政治保证。因此，在小农户与现代农业有机衔接的过程中，要充分利用好党的领导这一法宝，发挥好政治优势。在改革开放之后，我国农业发展取得了很大的成就，而且相关研究结果也证明，如果没有党的正确领导，农业的现代化发展必然会受到影响。习近平总书记反复强调，要将"三农"问题当作全党工作的重要内容。我国人口众多，小农户与现代农业的衔接本身就有较大的难度，要实现农业升级转型更是难上加难。尤其是在进入 21 世纪之后，我国农业的专业化和现代化发展已经处于一个非常关键的时期，要想有效推进农业的现代化发展进程，就需要充分展现出党的领导力和推动作用，站在更高的角度进行统筹谋划和整体布局，只有这样才能促进相关资源的合理分配。因此，党组织需要在农业现代化发展过程中积极进行顶层设计，保证各项具体工作的有效落实。

（一）从宏观角度进行顶层设计

在推进小农户与现代农业有机衔接的过程中，需要进行顶层设计，从全局角度出发对这一过程中的不同层次和要素进行深度思考与分析，进而保证小农户与现代农业衔接工作能够有效推进。由此可见，顶层设计对农业的现代化发展具有至关重要的作用。虽然随着我国农业领域的不断发展和进步，我们取得了一定的成绩，但是影响农业发展的因素仍然非常多且复杂，导致积累的深层矛盾也呈现出多样化的特点。要想从根本上解决这些矛盾和问题，就需要从顶层进行设计，为具体工作的开展提供专业指导。由于小农户与现代农业衔接是一个系统化的工程，所以在这个过程中不仅需要采取措施促进农业发展，还需要解决小农户发展、社会稳定、粮食安全、乡村振兴等问题。

在进行顶层设计的过程中，政府是总设计师，需要在这一过程中确定发展方向，保证相关主体能够在小农户与现代农业衔接的过程中充分发挥自身的作用。首先，政府需要积极进行政策引导，把握好农业发展的方向。同时，还要保证不同地区的农民能够积极进行理论学习，充分把握党的相关方针政策，这也是促进农业现代化发展的重要手段。其次，各地区在进行现代农业建设的过程中，不能偏离顶层设计的整体方向，也不能对其他模式完全照搬，而要以自身的实际情况为基础进行创新，探索符合本地发展需求的新模式。当然，有关部门在农业发展的过程中，还要针对农业发展问题制定切实可行的措施，分层次地解决相关问题。随着社会的不断发展，我国农业发展情况也越来越复杂，党需要在这一过程中始终坚持农村基本经营制度，加强对小农户的扶持，从整体布局出发进行农业发展机制的制定和完善，并且保证相关措施能够落实到实际的工作当中，推进农业农村的现代化发展。最后，党在针对小农户在农业发展过程中存在的问题，制定相关解决措施时，还需要保证相关措施的前瞻性，即保证相关措施不仅能够解决当前农业发展过程中存在的问题，还能够为农业发展提供持续动力。在经济社会的发展过程中，我国农业发展方针政策也需要根据现实环境的变化及时进行调整，保证我国农业相关问题能够得到有效解决，充分适应社会发展变化的实际需求。

（二）在党的领导下推进不同地区农业工作的开展

在小农户与现代农业有机衔接的过程中，各项工作能够有效落实将会对农业现代化发展产生非常直接的影响。在农业现代化发展过程中，党作为农业发展的领导者和推动者，必须将"三农"工作放在重要位置并不断推进。在小农户与现代农业有机衔接的过程中，要巩固好两者的关系，确保工作推进过程中的资金问题、人才问题、技术问题都能够得到及时解决。首先，需要加强党对衔接工程的全面领导。在开展相关工作的过程中，把握好整体发展方向，保证党的领导能够落实到每一项具体工作当中。与此同时，还要对党提出的总体要求进行细化，制定具体的行动方案，明确不同主体的相关责任，促进各方相互协调，有序推进相关工作的开展。通过坚持党对农业发展的全面领导，充分发挥我国农业发展的政治优势。其次，要坚持以人民为中心进行发展，保障人民群众的基本利益，从而将农民团结起来，使其成为推进农业发展的重要动力。最后，还需要坚持中国特色社会主义，开创具有中国特色的社会主义农业现代化发展道路。在农村地区还要积极进行基层党组织建设，充分提升基层党组织成员的基本素养，以便为农业现代化建设提供源源不断的动力，保证党组织领导农业的各项工作可以顺利推进。为了充分调动农业现代化建设过程中相关工作人员的积极性，还需要建立完善的激励机制。为此，各级党委组织需要加快激励体系的建设，保证激励机制的科学完善，从而充分调动农业从业工作人员的积极性，提升他们的生活质量，让其能够更加主动地参与到农业生产和经营工作当中，推动农业的现代化发展。总而言之，正面的激励能够对不同地区的农业工作者进行激励，培养他们勇于探索的精神，积极发挥其榜样作用，最终带领其他农户实现共同发展。

二、加强对小农户的扶持

（一）对小农户进行科学认知

要想有效解决问题，首先需要对问题有一个正确客观的了解，再对问题进行研究，找出问题的本质所在。同样，要想解决小农户与现代农业有机衔接过程中存在的问题，就需要加强对小农户的各种特点的了解，明确小农户与现代农业衔接的重要意义。在推进农业现代化发展的过程中，首先需要认识到小农户在我国农业领域所处的地位。以家庭为单位从事农业生产活动已经成为我国农业发展的特征，和其他国家相比，我国农业领域中，小农户所占比例较高。虽然近年来，我国的城镇化水平不断提高，但是小农户的数量和比例仍然居高不下，而且他们将长期存在。这样的结果，与我国人口基数大、各地区资源条件差异较大等情况有关。因此，在推进小农户与现代农业有机衔接的过程中，不论进行怎样的改革、制定怎样的措施，都需要充分考虑我国农业发展的实际情况，尤其不能忽视小农户的存在。

不同地区的小农户具有不同的发展特征，因此在对小农户进行分析时，既要考虑到小农户的普遍性，又要考虑到小农户的特殊性。在我国，小农户的农业生产经营范围相对较小，而且主要以家庭成员为主要的农业劳动力，再加上兼业化现象比较多，导致小农户农业生产经营活动中的劳动力老龄化现象比较严重，劳动力的个人素养有待提升，这些因素对农业发展造成了极大的影响。当然，不同地区的小农户在发展过程中也具有独特之处。我国地域广阔，不同地区的农业发展资源差异较大，不同地区对农业的重视程度也有所差异。条件较好的农村地区，在农村基础设施建设方面具有优势，他们能够更好地组织小农户，进而推进现代农业的发展；反之，条件较差的农村地区基础设施比较落后，很难为小农户在农业现代化发展过程中提供有效的支持。因此，要尊重差异，并且要针对不同地区的实际情况进行精准帮扶。我国小农户将长期存在、不同地区的小农户在农业现代化发展过程中既具有普遍性又具特殊性的特点是我国农业发展的客观条件。因此，党组织在推进农业发展的过程中需要利用先进的理念对小农户进行指导，从不同地区农业发展的实际情况出发，因地制宜，进行深入的探索与研究，制定符合不同地区发展需求的现代农业生产经营模式。

（二）促使资源要素向小农户倾斜

在我国农业现代化发展过程中，部分小农户往往得不到有效的支持与帮助，因而其在与现代农业进行衔接时往往显得比较乏力。具体到基础设施、公共服务、社会保障等方面可以发现，这些方面依然有较大的发展空间。因此，在农业现代化发展过程中，我们要认识到小农户的重要性，并且保证不同资源要素优先向小农户进行倾斜，为小农户提供充足的发展保障。

首先，相关部门要确保在小农户发展过程中为其投入充足的发展资金，建立小农户发展专项财政资金，并且制定相关制度，通过提供制度保障，有效弥补一直以来小农户在农业现代化发展过程中面临的资金短缺问题。同时，充分发挥党和政府的领导作用，协同社会力量拓展小农户融资渠道，切实有效地帮助小农户解决资金短缺的难题。另外，相关部门要尽可能降低小农户从事农业生产经营活动的风险，健全农业生产经营保险制度。

其次，相关部门要在农村地区积极进行农业基础设施建设，根据不同地区的农业发展状况，制订农业基础设施建设规划，严格按照规划要求开展工作，为小农户开展农业生产经营活动提供基础设施保障。比如，要对农村地区的道路进行优化建设、健全农村电力和水利设施、完善农村地区的配套生产设施、提供大型机械设备支持等，有效解决小农户在现代化发展过程中面临的各种突出问题。当然，在推动小农户与现代农业衔接的过程中，要优先发展农村地区的农业带头人，组建高水平的领导班子，发挥其领导作用，带动小农户共同发展。

最后，要为小农户提供全面的农业社会化服务，针对小农户在农业生产经营中面临的各种问题，给予针对性的帮扶，有效提升农业生产经营效率，提升小农户的农业生产经营水平，促进传统小农户向现代小农户的积极转变。

（三）提升小农户发展现代农业的能力

在农业现代化发展过程中，小农户是重要的实践主体。所以，在推进小农户与现代农业有机衔接的过程中，要充分提升小农户自身的能力，发挥小农户的主体作用，激发农民的积极性和主动性，只有这样才能充分挖掘小农户的潜力，进而为小农户发展现代农业提供充足的动力。因此，有必要提升小农户本身的组织化程度，对小农户在发展过程中的各项权利进行保障，充分改善小农户农业发展面临的现实环境，充分满足小农户的发展需求。当然,在这一过程中也要发挥政策优势和政策的引导作用,对小农户进行积极扶持,促进小农户与其他农业经营主体之间的合作,推进农业现代化发展。同时,还可以鼓励小农户进行联耕联种[①],统一购买农业生产物资,统一进行农产品销售,与新兴农业经营主体进行多方面、多层次的合作。这种深度合作能够有效降低小农户的农业生产经营成本,实现农业风险共同承担。同时,还要引导和鼓励小农户按照法律规定建立农产品市场,或者直接与农产品市场进行对接,进而保证自己的农产品可以做到直销,尽可能减少中间环节的损失;还需要加强小农户自身的能力建设,通过完善小农户培育机制、对小农户进行培训等方式,提升小农户现代化发展的能力。早在1991年的发布《中共中央关于进一步加强农业和农村工作的决定》中,党和国家就明确将科技兴农作为农业发展的重要举措;2012年印发的《中共中央国务院关于加快推进农业科技创新持续增强农产品供给保障能力的若干意见》指出,要"加快农村科技创新创业";2018年印发的《中共中央国务院关于实施乡村振兴战略的意见》提出,要"优化农业从业者结构,加快建设知识型、技能型、创新型农业经营者队伍";2023年印发的《中共中央国务院关于做好2023年全面推进乡村振兴重点工作的意见》提出,要"加强乡村

---

① 联耕联种是由江苏省射阳县农业委员会探索实践的新型农业生产经营方式。它是在村两委会引领和农业部门的服务下,采取"农户+农户+合作社"的新型农民合作经营模式,是在持续稳定家庭联产承包经营的基础上,按照农户自愿的原则,由村组统一组织,以打桩等形式确定界址,破除田埂,将碎片化的农地集中起来,实现有组织的连片种植,再由服务组织提供专业化服务,推进农业生产联耕联种、联管联营,实现"增面积、降农本、促还田、添地力、提单产、升效益"的新型生产方式。

人才队伍建设。实施乡村振兴人才支持计划，组织引导教育、卫生、科技、文化、社会工作、精神文明建设等领域人才到基层一线服务，支持培养本土急需紧缺人才。实施高素质农民培育计划，开展农村创业带头人培育行动，提高培训实效"，这些政策文件都为从科学技术层面提高小农户自身能力和综合素质指明了方向。因此，要科学、合理地借助科技对农业发展的促进作用，引导农业农村向创新驱动的方向发展。培养一支懂农业、爱农村、爱农民的农村工作队伍，促进农民专业能力的提升，让农民掌握更多的从事农业活动的技能，有效提升农民的整体素质，有效提升农业发展的整体水平。在推进农村农业发展的过程中，要根据不同地区的农业发展现状，因地制宜发展特色农业，打造具有当地特色的农产品品牌。同时，要积极健全相关法律法规，保证农业发展的各项工作都能够顺利开展。

（四）针对新型农业经营主体带动小农户发展制定完善的考核机制

为了有效推进农业的规模化发展，提升小农户的专业水平，促进小农户与现代农业之间的有机衔接，需要有效提升新型农业经营主体的实力，发挥新型农业经营主体对小农户的带动能力，形成新型农业经营主体与小农户联合发展的经营模式。在小农户与新兴农业经营主体联合发展的过程中，相关部门要以小农户与新型农业经营主体为核心，促进二者之间的利益联结。为此，首先需要积极培育新型农业经营主体，并且发挥新型农业经营主体的带动作用，对小农户进行定点扶持。在培育和发展新型农业经营主体的过程中，需要为新型农业经营主体带动小农户发展提供良好的条件，使小农户和新型农业经营主体能够形成利益共同体，共同发挥作用，并促进自身的专业化发展。当然，政府还需要将小农户与新型农业经营主体之间的联合程度当作重要的考核标准,对小农户的发展情况进行有效判断,比如新型农业经营主体与小农户联合过程中的入股情况、分红情况等。在新型农业经营主体与小农户协同发展的过程中,农业社会化服务组织需要为小农户提供专业的农业服务,满足小农户本身的农业生产需求,切实有效地解决小农户在生产经营过程中面临的实际问题,帮助小农户清除在发展过程中面临的阻碍。最后,要定期对新型农业经营主体对小农户的带动情况进行考核与评价,及时发现新型农业经营主体带动小农户发展过程中面临的各种问题,及时进行纠正与解决,并形成有效的激励机制。此外,还需要将考核结果当作干部任用和工作效果评判的重要指标,按照相关准则对工作人员进行奖励或问责,只有这样才能保证相关工作顺利开展。对少数不能在工作过程中履行自己职责的工作人员,必须按照相关规定进行教育和惩处。

三、加快构建现代农业体系

现代农业体系的构建包括现代农业产业体系的构建、现代农业生产体系的构建、现代农业经营体系的构建三个方面,这也是构建现代农业、推进农村现代化发展、提升农民个人收入的有效举措。随着我国农业现代化发展进程的不断推进,我国农业的生产经营水平得到了一定程度的提升。但是从我国农业发展的整体形势来看,现代农业体系仍然不够完善,无法与我国农业发展的要求相匹配,主要体现在整体农业产业结构不完整、农资装配科技水平相对较低、农业经营主体与经营方式有待提升等方面。因此,在当前阶段积极完善现代农业体系,符合我国农业现代化发展的实际需求,并且能够有效推进农业体系的现代化发展。

（一）进行现代农业产业体系建设

从世界农业的发展趋势来看，实现农业的现代化发展、保证农业质量不断提升，相关部门要以先进的产业体系作为支撑。粮食安全至关重要，在推进农业现代化发展的过程中，不能忽视粮食质量而只追求产量的提高。我国应从农业发展的实际情况出发构建农业产业体系，以农业现代化发展为出发点，及时发现农业发展过程中存在的问题，积极寻找解决路径，而且要遵循农业发展的普遍规律，延长农业发展的产业链，有效提高农民的个人收入。

在这一过程中，相关部门应针对现代农业产业体系的建设需要，进行科学的谋划和布局，保证我国农业能够实现现代化发展。在农业产业体系构建的过程中，必然会出现各种现实问题，因此如何在这一过程中明确现代农业产业体系的建设思路和重点，从而有效地应对这些问题和矛盾就成为现代产业体系建设的关键。在进行现代农业产业体系建设时，要协调好现代农业产业结构与市场需求之间的关系，充分协调好农业领域中不同产业结构的比例，使不同产业的构成比例达到平衡，并根据市场需求不断对不同产业结构的比例进行调整，从而保证农业产业能够合理发展。另外，在保证农产品种类协调发展的基础上，农业经营主体要积极进行技术投入，有效提升农产品附加值，解决农产品的供需矛盾；相关部门要积极进行多功能产业体系建设，不断提高农业产业整体效益，对农业区域内的相关资源进行科学规划，实现资源最优配置，有效提升农业生产效率。在条件允许的情况下，还要探索农业发展与生态保护、休闲观光、文化传承一体化的绿色循环农业，形成第一产业与第二产业、第三产业协同发展的新型产业结构，有效提高经济效益。为了加快现代农业产业体系建设与完善的速度，相关部门要加强农业与科技、农产品加工、物流运输、销售等相关产业之间的协作，实现农业产业的一体化发展。最重要的是不同农业产业要充分发挥自身的区域优势，在发展农业产业的过程中打造具有区域特色的优质品牌，并不断进行品牌推广，提升农业品牌竞争力。同时，相关部门还要打造符合不同农业产业自身需求的物流体系，加强不同农业产业与市场的直接联系，尽可能减少中间环节，减少物流损耗。

相关部门要为农业产业发展提供高质量的科技服务，有效提升自身的农业科技水平，保证从业人员能够在这一过程中提升自身的专业能力，提升农业产业科技水平。相关从业人员能够将各种技术手段应用到农作物的种植、生产、收获、销售、加工等环节，提高农产品的附加值，为农户带来更高的效益。

（二）进行现代农业生产体系建设

现代农业生产体系的建设对提升农业整体生产水平至关重要，是保证农业生产基础稳定发展的重要环节，尤其是在农业生产体系建设的过程中，基础设施建设、农业要素投入等工作的专业化发展水平，对构建现代农业生产体系有着极大的促进作用。因此，相关部门在构建现代农业生产体系的过程中，要强化农业基础设施建设，帮助各类农业经营主体完成其在农业生产发展过程中的基础任务，深入了解农业发展的实际状况，对土地进行合理规划，根据农田的实际情况进行水平划分，打造高标准农田区域，并且在农田区域进行水利设施建设，改善当前阶段的农业生产条件。农业生产服务业的发展情况也会影响农业生产效率的提升，所以在此基础上还要进行服务业的拓展。在发挥公共服务组织引导作用的基础上，提供农业生产服务，有效激活市场，引导各种新型农业经营主体参与相关活动和提供农业生产服务，积极扩大农业生产服务业的覆盖面。

在构建现代农业生产体系的过程中，要积极拓展农业要素的投入方式，引进农业生产新技术与新设备，并且为农业生产活动提供充足的资金，只有这样才能进一步促进农业由粗放型向集约型发展。当然，在构建现代农业生产体系的过程中，提升农业生产的标准也至关重要。在农业生产活动中，需要逐步减少农药、化肥的使用量，实现从大规模土地种植到土地的用养结合的转变，并且要进行绿色、健康的农产品的种植与生产，在推进农产品生产的过程中保护好农业资源环境，实现农业的可持续发展。

（三）进行现代农业经营体系建设

结合现代农业的定义和特点，本书认为现代农业经营体系是一种新型农业经营体系，是对农村基本经营制度的丰富和发展。现代农业经营体系是指大力培育发展新型农业经营主体，逐步形成以家庭承包经营为基础，专业大户、家庭农场、农民合作社、农业产业化龙头企业为骨干，其他组织形式为补充的新型农业经营体系。

构建现代农业产业体系和现代农业生产体系的关键是提升农业生产力水平和生产效率，而构建现代经营体系的关键则在于创新农业经营模式，现代农业经营体系的建设情况会直接影响农业经济效益的提升情况。构建现代农业经营体系的首要措施就是确立农村基本的经营制度，并积极优化经营方式、经营主体和社会化服务体系。在农业经营活动中充分展现小农户的作用与价值，并且利用新型农业经营主体引领与带动广大小农户群体，充分展现出小农户在农业经营中的基础地位。除此之外，还要加大对小农户的扶持力度，鼓励小农户创新经营方式，引导其学习先进的管理方法和技术知识。为了充分促进现代农业经营体系与现代农业生产体系相适应，首先需要在进行体系建设的过程中促进多种形式农业经营模式的发展与创新，比如鼓励新型农业经营主体参与农业建设，发挥带头作用，促进土地规模化发展。其次，要促进农业社会化服务的快速发展，尽可能满足小农户的农业生产经营需求；积极促进普通小农户之间的联系与合作，以小农户合作为基础建立合作组织，提升小农户获取市场信息、普及生产技术的能力，尽可能保证小农户生产经营的农产品满足市场需求。为了加快推进小农户与现代农业之间的衔接，还要积极促进小农户向新型农业经营主体转型，有效提升小农户自身的实力和规模，使之可以成为我国农业现代化发展的经营主体，具备自主探索新型经营模式的能力。

四、积极总结和推广小农户与现代农业衔接的经验

我国在进行小农户与现代农业有机衔接路径探索的过程中，进行了积极的实践，从中总结出了农业发展的规律和具体经验，对我国制定科学合理的衔接模式，有效促进我国小农户与现代农业的衔接具有一定的参考价值和现实意义。

（一）总结小农户与现代农业有机衔接的经验

我国是一个农业大国，而随着城镇化进程的推进和人口老龄化问题的加剧，在农村从事土地耕种事业的劳动力数量却逐渐减少，给我国农村农业的发展带来了很大的压力。根据2023年1月17日，国家统计局公布的数据，2022年末全国人口（包括31个省、自治区、直辖市和

现役军人的人口，不包括居住在 31 个省、自治区、直辖市的港澳台居民和外籍人员）141 175 万人，比上年末减少 85 万人。从城乡结构看：城镇常住人口 84 843 万人，比上年末增加 1 706 万人；农村常住人口 55 162 万人，减少 1 239 万人；城镇人口占总人口的比重（城市化率）为 60.60%，比上年末提高 1.02 个百分点。要想推进农业的现代化发展，仅仅依靠科技的力量是远远不够的，还需要辅以科学的发展理念和高效的发展方式，只有这样才能促进小农户与现代农业的综合发展。

在推进农业现代化发展的过程中，不仅要考虑到农业经营主体，还要综合考虑多方面的要素，比如农业自然资源禀赋、农村经济发展情况，以及政策制度的制定和落实情况等。在世界范围内，绝大多数国家的现代农业发展均是从小农户开始的，受不同国家资源禀赋影响，形成了不同的小农户与现代农业发展经验。中国是一个典型的人多地少的国家，回顾和反思与中国资源禀赋相类似的国家的小农户与现代农业发展的经验，极具借鉴意义。比如，英国基于资本原始积累的需要，采取"圈地运动"的方式，剥夺小农户土地，实现资本主义农业大生产，以消灭小农户为代价，严重损害了小农户的利益，中国农业现代化断然不能走"消灭小农户"的道路；荷兰在农业发展条件先天不足的情况下，通过发展社员所有、社员控制和社员受益的合作社，成功探索出一条将小农户带入现代农业发展轨道的道路，对中国具有很大的借鉴意义。

此外，我们也应在借鉴国外先进经验的同时，对我国不同地区的农业发展现状进行深入研究，适当借鉴和学习我国各类农业经营主体与现代农业有机衔接的先进经验，并根据我国不同地区农业发展的实际状况制定相应的农业发展政策，这样才能促进小农户与现代农业的有机衔接。比如，在推进农业现代化发展过程中制定了农民收入支持政策，有效地提升了农民的基本收入水平。同时，积极鼓励农户进行规模化经营，在农村地区加大基础设施的建设力度，政府则在这一过程中充分发挥自己的主导作用，引导社会化服务组织为小农户提供多元化的公共服务，有效提升对农业的保护力度；对农产品质量要提高要求，严格规范农产品质量安全检测流程；等等。这些都是我国在进行农业发展过程中可以借鉴的内容。

在借鉴其他国家农业现代化发展先进经验的同时，还要对我国小农户的农业发展情况进行深入研究，总结其中的经验和教训。由于我国不同地区的农业发展背景不同，所以需要对不同地区的农业发展情况进行差异化分析，做到扬长避短；也可以加强不同地区之间的合作，做到优势互补。比如，我国东北地区土地肥沃，同时人口相对较少，所以具有规模化生产经营的优势，可以通过进行土地流转等具体措施，对土地进行规模化经营；我国西南地区山地、丘陵较多，可利用的耕地面积相对较少，但是具有劳动力优势，所以可以采用劳动密集型的农业发展方式，提升农业的产业化水平。综上所述，我国在进行农业现代化发展的过程中，需要积极借鉴其他国家的先进经验，同时又要以我国的实际情况为基础进行探索，学习我国各地区在农业现代化发展方面的有益做法，从而进一步制订包含先进的农业发展理念和切实有效的具体措施的发展计划。

（二）积极进行先进经验的推广和应用

通过对国外及我国不同地区小农户与现代农业衔接的经验进行研究与总结，形成科学、系统的理论基础之后，还应积极对其进行宣传与推广，将先进的经验做法应用到全国各地农业发展的实际工作当中，为各地农业可以实现又好又快发展提供参考。

首先，政府部门要树立全局观念，加强不同地区之间的联系，为各地交流现代农业发展经验、促进小农户与现代农业有机衔接的经验提供机会和平台，使各地之间能够形成合力。

其次，要在不同地区优先培育典型示范区，发挥示范区的引领和示范作用，保证农产品的高质量发展。各级地方人民政府还要发挥带头作用，在不同地区建立专业的线上交流平台，为多元化的农业经营主体提供全面的学习服务，并利用科学的发展理念对其进行指导，保证农业可以朝着正确的方向发展。有关部门要定期组织小农户到示范区进行学习交流，通过线上培训夯实个人理论知识基础，再通过线上线下相结合的方式，有效提升小农户的专业能力。有关部门还要不断拓展小农户与新型农业经营主体、当地农业社会化组织之间的交流渠道，利用网络、电视台等不同媒介宣传现代农业建设的意义，让广大小农户群体认识到农业现代化发展的意义，进而充分调动广大小农户群体的积极性，在全国范围内形成一个支持农业现代化发展的良好氛围。

五、加大对农业及农民的保护力度

推进农业现代化发展，离不开政府的支持，然而仅仅拥有政府的支持还远远不够，考虑到农业发展的复杂性，还需要有农民的支持。因为农民是农业现代化发展的主体，农民自身利益与农业发展息息相关，所以在促进农业现代化发展的过程中，应当对农民的权益进行保护，积极调动农民的积极性，促使农民参与到农业现代化发展的过程中来。

（一）健全农民支持保护的政策及相关法规

在农业现代化发展过程中，政府的支持与保护对农业的发展至关重要。首先,积极制定富农政策,建立完善的农业发展支持与保护体系,为农业发展提供稳定的资金保障。其次,为农业生产经营活动提供支持与保障,针对农民粮食生产能力的提升制定切实有效的政策。在农村地区进行农业基础设施建设,对耕地进行有效保护,提升农业的科技化水平,改善农业生产的基本条件。最后,积极从金融方面为农业生产工作提供支持,通过多样化的手段与措施,对农业生产者进行激励,有效解决农业生产经营过程中小农户贷款难、融资门槛高的问题。

对农民的基本权益进行保护,其实就是保障农业生产。保护农民的基本权益对农业现代化发展具有良好的促进作用,具体应遵循以下原则:

1. 平等原则

平等原则一方面是指农民群体和社会其他成员之间的平等,另一方面是指农民群体内部的平等,也就是说,不能以突出保护某些农民群体的利益而损害其他农民的利益,不能以牺牲少数农民的利益为代价来保护多数农民的利益。

2. 合法原则

2022年6月,《中华人民共和国农民权益保护法起草小组(以下简称《农民权益保护法》)先后召开第二次领导小组会和起草小组在起草工作中召开的第一个专家会。这是中华人民共和国成立以来,第一次准备通过立法来保护中国最广大的弱势群体的利益。立法所要保护的权利应该建立在宪法、法律和行政法规所赋予的权利的基础上,《农民权益保护法》是保护农民依法享有权利的立法,而不完全是为农民设定新权利的立法,在性质上不是一部赋权的法律。从这个意义上说,《农民权益保护法》是保护农民权益实现的立法。所以说,这部法律的目的和功能在于保护农民已有和应有法定权利的实现。

3. 便民原则

在农民寻求权利保护的过程中，应当保护其行为的有效和便捷，这应当是《农民权益保护法》的一个方向。例如，在举证责任的分配上，应当针对权益的性质和农民维权的难度来确定；在对农民维权请求的审查期限上应体现出及时性，因为现实中对于农民权益保护请求的拖延，实际上也是侵害农民权益的一种形式；在农民权益案件的受理上，行政受理和司法受理必须要考虑到农民的特点，应当要求相关的机关承担相应提示和说明义务。

4. 节约原则

对于与农民权益相关的纠纷，因其处理方式不同会产生不同的经济成本，所以立法在制度设计上应当考虑农民的承受能力，建立相应的制度，减少农民在维权过程中的时间、精力和费用的支出。

（二）推动农业发展成为有奔头的产业

2018年，中央一号文件（即《中共中央国务院关于实施乡村振兴战略的意见》）明确指出，要让农业发展成为有奔头的产业，也要让农民成为一个具有吸引力的职业。该文件中的内容，充分体现出党对"三农"工作的重视以及前瞻性。随着这一文件的发布，农民的幸福感开始逐渐提升，也因此有了投身农业发展经营的动力。但是，真正将农业发展成为有奔头的产业并不是一项简单的工作。其一，需要保证农民可以扎根于农村，并且引导高素质人才流向农村、扎根农村，帮助农民解决农业生产经营过程中遇到的相关问题。其二，在农村地区还要积极进行党组织建设，鼓励农村基层党员发挥带头作用，多干实事、多做好事，推进小农户走上现代化发展的道路。其三，还要在农村地区积极践行配套设施建设工作，为人们提供一个良好的农业生产经营和生存环境，增加农民的幸福感，让人们产生愿意留在农村的意愿。

在推进农业现代化发展的过程中，各地要结合自身的发展特点，以自身优势为基础精准发展农业，延伸农业产业链，促进第一产业、第二产业、第三产业之间的融合发展，提升农产品的附加值。此外，还要为农民提供更多的就业岗位，增加农民的额外收入。总而言之，要通过多方面的有效措施促进农业现代化发展，为农业发展提供充足的发展动力，促使农业发展成为有奔头的产业。

第三节 小农户与现代农业有机衔接的主要建议

为了促进小农户与现代农业的有机衔接，推动乡村振兴战略的实现，我国需要积极进行新型农业经营主体的培育，发挥新型农业经营主体的引领作用，帮助小农户克服其在农业现代化发展过程中面临的各种问题，有针对性地实现农业现代化发展。

一、积极培育新型农业经营主体

（一）积极进行政策引导和宣传

新型农业经营主体是推进现代农业建设和实施乡村振兴战略不可或

缺的骨干力量。加快构建政策体系培育新型农业经营主体，有利于形成以家庭承包经营为基础，专业大户、家庭农场、农民合作社、农业产业化龙头企业为骨干，其他组织形式为补充的现代新型农业经营体系；有利于适应经济发展新常态，推进农业供给侧结构性改革，开展集约化、专业化、组织化、社会化经营，形成农村一、二、三产业融合发展的现代农业产业体系；有利于带动家庭经营农户特别是贫困户发展，提高农业资源利用率、土地产出率和劳动生产率，构建现代农业生产体系。各级党委、政府必须深刻认识加快构建政策体系，培育新型农业经营主体的重要意义，逐级细化完善政策措施，加快新型农业经营主体提质增量步伐，推动农业适度规模经营，带动农民就业增收，推进乡村全面振兴。

虽然近些年来我国的新型农业经营主体数量不断增加，但是总量仍然不高，甚至还有很多地区对新型农业经营主体并不了解。因此，各地政府需要积极挖掘当地或者其他地区的新型农业经营主体培育和发展的经典案例，在当地积极宣传并鼓励农民学习。对那些有发展意愿的农民，村集体可以发挥自身的牵头作用对其进行培育，进而帮助当地农民走上现代化发展的道路。

（二）推动农村地区土地流转

新型农业经营主体的发展和农地经营权流转之间的关系是互为影响、密不可分的。规模化经营是各类新型农业经营主体的共同特征之一，既是优势，也是其生存与发展的基础。因此，要想在农村地区培育和发展新型农业经营主体，并且实现农业现代化发展，政府部门还需要通过制定相关政策，推进土地承包权、土地经营权和土地所有权分离，进一步实现农村地区土地经营权流转，大力推进土地合作经营，为培育和扶持新型农业经营主体创造条件。具体来说，推动农村土地流转主要可以采用以下几种模式：

1. 向专业大户流转模式

专业大户组织模式是指熟悉农业种养技术并具备一定资金实力的农民，通过各种形式承包土地或者流入土地承包经营权，实现规模经营；其重要的表现形式是"分时承包"，基本特点是在不改变土地承包权的基础上，改变土地经营权：

（1）可实行季节性流转，经营者根据生产需要向土地原承包人包租土地一个生产季节，种一季包一季，同块地在不同季节由不同经营者经营；

（2）承包一定年期，在不改变土地承包权、不改变土地用地的基础上，经营者长期包租土地。这种模式是农地流转刚开始时的一种比较原始的流转形式，特别适合我国大多数区域的现实生产力水平，具有很强的现实可行性。

2. 向股份制企业流转模式

向股份制企业流转模式是指拥有土地承包经营权的农户以股权入股企业，按股权分红。这种模式通过股份把分散的土地集中起来，进行规模化经营、专业化生产，提高农业的比较效益。这样有利于我国提高农业生产效率，实现规模化生产和经营。

3. 向合作组织流转模式

向合作组织流转模式是指农民以其承包的土地为基本出资，组成合作经济组织，由合作经济组织经营土地，农户定期获取分红的土地流转模式。这种模式可以发挥集体的优势以提高土地经济效益、增加农民收入。其既可以是具有独立法人资格的生产企业或经营企业，又可以是农民群众自发组织的服务性社团组织形式。

4. 向龙头企业流转模式

向龙头企业流转模式就是指农民把土地承包经营权委托村里，采取出租、转包或者入股等方式，流转给龙头企业，由龙头企业经营的模式。最常见的流转形式是农户把土地流转给农产品加工、冷藏、运销企业。由公司强化农地资源的开发，增加产出，并使其增值。

5. 土地合作社模式

土地合作社模式是近年来在发达地区兴起的一种土地流转模式，是指农民自愿把土地共同"存储"到合作社里，合作社负责经营这些土地。这样农民能获取相应的收益分红，土地又能实现规模化经营。

二、建立完善的农业社会化服务体系

（一）培育新型农业服务主体

建立完善的农业社会化服务体系首先要培育新型农业服务主体，对此可以采取以下具体措施：

1. 政策引导和扶持

制定相关政策，提供财政、税收、土地、信贷等方面的支持和激励措施，吸引和鼓励更多的农业服务主体涌现。例如，建立奖补制度，给予创新型农业服务主体一定的财政奖励和项目扶持，降低其创业风险。

2. 产学研结合

加强农业科研机构、高等院校与农业服务主体之间的合作，开展农业技术研发和创新，将研究成果转化为实际应用。通过合作推动技术创新，提高农业服务主体的专业能力和竞争力。

3. 提供培训和指导服务

开展培训和指导活动，提高农业服务主体的专业知识和技能水平。培训内容可以包括农业技术、市场营销、农村金融管理等方面的知识，帮助他们更好地为农户提供全面的农业服务。

4. 创业孵化和扶持平台

建立创业孵化基地和扶持平台，为有创业意愿的农业服务主体提供创业指导、资源整合和市场对接等支持，帮助他们顺利开展业务并获得成功。

5. 建立合作网络

鼓励农业服务主体之间建立联盟、合作社和农业产业园区等组织形式，通过资源共享、互助合作、集中采购等方式提升服务能力和规模效益，共同推动现代农业的发展。

6. 完善评价和监管机制

建立健全的农业服务主体评价和监管机制，加强对农业服务主体的监督，建立信用评价体系，保障服务质量和农民权益。

7. 市场营销推广

加强农业服务主体的品牌建设和市场推广，提高服务知名度和市场影响力。可以通过农产品展销会、电商平台、农民市场等渠道，拓展客户群体，提高农业服务主体的可持续发展能力。

以上措施能够为新型农业服务主体提供良好的环境和支持，引导更多的创新型、专业化的农业服务主体参与农业领域，推动农业现代化和农民收入增长。

（二）提升新型农业服务主体的服务水平

完善的农业社会化服务体系需要以较高水平的农业社会化服务作为前提，提升新型农业服务主体的农业社会化服务水平，可以采取以下几个方面的措施：

1. 积累专业知识和提升技能

新型农业服务主体应不断积累专业知识和提升技能，包括农业技术、市场分析、创新管理等方面。可以通过参加培训课程、行业交流、学习科研成果等方式，不断学习和更新知识，以提供更加专业的农业服务。

2. 注重技术创新

新型农业服务主体应关注农业科技的前沿动态，主动应用和推广高新技术。通过引入先进的农业设备、智能化农业管理系统、生物技术等，提高农业生产效率和产品质量，为农户提供更加先进的服务。

3. 客户导向和个性化服务

了解农户的需求和诉求，提供个性化的农业服务方案。与农户保持密切的沟通和互动，根据不同农户的情况制订具有针对性的服务计划，提供专业的咨询、技术支持、市场信息等服务，实现服务的精细化和差异化。

4. 建立合作网络和伙伴关系

新型农业服务主体可以与农业科研机构、农资企业、农业合作社等建立良好的伙伴关系，共同分享资源和信息，提高整体服务水平。通过合作，可以形成优势互补、资源共享的格局，提供更加全面、综合的农业服务。

5. 运用现代科技手段

利用信息技术、互联网平台等现代科技手段，提升服务效率和便利性。例如，建立农业信息化管理系统，实现农产品的追溯、质量监控和市场预测分析，为农户提供更加便捷和准确的服务。

6. 强化质量管理和监督机制

加强对自身服务质量的管理和监督，建立健全的质量控制体系。可以通过建立客户满意度调查、服务反馈机制等方式，了解客户对服务的评价和建议，积极改进和优化服务内容和流程。

7. 建立良好的口碑

新型农业服务主体应注重建立良好的口碑。提供优质的服务、遵守合同、诚实守信，赢得客户的认可和口碑传播。积极参与行业协会、评选活动等，提升自身在农业领域的影响力和知名度。

通过以上措施，新型农业服务主体能够不断提升自身的服务水平，在为农户提供农业服务的过程中，满足客户的需求，增加农户的收益，推动农业现代化进程。

三、加大扶持力度，帮助各类主体解决资金难题

为了能够充分发挥新型农业经营主体的积极性，还需要尽可能帮助他们解决资金问题。对此，国家在2021年已经给出了具体意见，各地应结合自身实际，积极贯彻、落实六部门《关于金融支持新型农业经营主体发展的意见》（以下简称《意见》)，以下为摘要内容（如表2所示）。

表2 六部门《关于金融支持新型农业经营主体发展的意见》摘要内容

具体措施	主要内容
加强新型农业经营主体信息共享	健全新型农业经营主体名单发布制度；充分利用新型农业经营主体信息直报系统，为新型农业经营主体提供点对点对接信贷、保险等服务，支持农村中小金融机构接入新型农业经营主体信息直报系统；建立健全家庭农场名录制度；鼓励各地探索建立以农村土地和生产经营数据为核心的新型农业经营主体信息数据库和融资综合服务平台，依法合规共享数据；加强银企融资对接
增强新型农业经营主体金融承载力	鼓励地方通过政府购买服务等方式为新型农业经营主体提供财务制度优化服务，帮助新型农业经营主体提高财务透明度、可信度和规范性，增强信贷获取能力；鼓励有条件的县（区）行政服务中心增设普惠金融服务窗口，提供更加便利的普惠金融服务，对新型农业经营主体进行辅导，将有信贷需求且暂未获得融资支持的新型农业经营主体作为重点辅导对象，为其提供专业咨询服务，推动规范经营管理；规范发展银行卡助农取款服务点，探索建立县（区）、乡、村三级普惠金融服务体系
健全适合新型农业经营主体发展的金融服务组织体系	中国农业银行、中国邮政储蓄银行等大中型银行业金融机构要结合自身职能定位和业务优势，发挥服务"三农"内设机构作用，积极探索支持新型农业经营主体的有效模式；农村中小金融机构要坚守支农支小主业，改善公司治理和内控机制，强化支持新型农业经营主体的主力军作用；民营银行（含互联网银行）要在做好风险防范的基础上，运用金融科技手段，积极提供小额、快速、便捷的金融产品和服务；明确地方政府监管和风险处置责任，稳妥规范开展农民合作社内部信用合作试点
推动发展新型农业经营主体信用贷款	加快推动农村信用体系建设；银行业金融机构要充分整合利用共享信息及其他内外部信用信息，积极运用金融科技手段，优化风险评估机制，注重审核第一还款来源，为更多经营稳健、信用良好的新型农业经营主体提供免担保的信用贷款支持；研究制定差异化的信用贷款政策

续表

具体措施	主要内容
拓宽新型农业经营主体抵押质押物范围	银行业金融机构要积极推广农村承包土地的经营权抵押贷款，支持农机具和大棚设施、活体畜禽、养殖圈舍以及农业商标、保单等依法合规抵押质押融资，在具备条件的地区探索开展集体经营性建设用地使用权、农村集体经营性资产股份、农垦国有农用地使用权等抵押贷款业务；在农村宅基地制度改革试点地区，依法开展农民住房财产权（宅基地使用权）抵押贷款业务；建立健全农村产权流转服务机制；以有效防范风险为前提，鼓励农业产业化龙头企业、农民合作社及其联合社为其带动的家庭农场、农户等提供担保增信，创新供应链金融产品，探索开展"托管贷"业务
创新新型农业经营主体专属金融产品和服务	银行业金融机构要针对新型农业经营主体融资需求和特点，丰富贷款产品体系，开发随贷随用、随借随还产品和线上信贷产品，合理设置贷款期限，加大中长期贷款投放力度，优化"保险+信贷"模式；积极开展新型农业经营主体"首贷"、无还本续贷业务；银行业金融机构要完善绩效评价制度，研究将支持新型农业经营主体工作纳入分支机构和领导班子绩效考核；探索建立新型农业经营主体主办行制度，提供支付结算、信贷融资等一揽子综合金融服务；等等
完善信贷风险监测、分担和补偿机制	银行业金融机构应加强对信贷风险的监测，确保新型农业经营主体所获贷款资金主要用于生产经营；充分发挥全国农业信贷担保体系和国家融资担保基金作用，适当简化担保业务流程，维持较低的担保费率，降低反担保要求，采取有效措施进行代偿；鼓励有条件的地方建立健全风险补偿机制，通过市场化方式为新型农业经营主体提供信贷风险分担；等等

续表

具体措施	主要内容
拓宽新型农业经营主体多元化融资渠道	支持优质农业产业化龙头企业发行非金融企业债务融资工具，募集资金用于支持新型农业经营主体等涉农领域发展；鼓励地方建立完善新型农业经营主体发债项目库，强化培育辅导，推动更多优质企业在银行间债券市场和交易所债券市场融资；支持各类社会资本在依法合规前提下，通过注资、入股、人才和技术支持等方式，支持新型农业经营主体发展；支持符合条件的涉农企业在主板、中小板、创业板、科创板及新三板等上市和挂牌融资
提升农业保险服务能力	探索构建涵盖财政补贴基本险、商业险和附加险等的农业保险产品体系；积极推进稻谷、小麦、玉米完全成本保险和收入保险试点，将地方优势特色农产品保险以奖代补做法逐步扩大到全国；稳妥开展贷款保证保险业务，发挥保险增信对信贷投放的促进作用。发挥"保险+期货"在支持新型农业经营主体发展中的作用；发挥好中国农业再保险公司作用，健全农业再保险制度和大灾风险分散机制；鼓励保险机构建立健全农业保险基层服务网络；等等
强化金融支持新型农业经营主体的政策激励	继续落实好相关准备金优惠政策，继续运用差别化存款准备金、再贷款再贴现等货币政策工具，支持银行业金融机构扩大对新型农业经营主体信贷投放；允许将符合条件的新型农业经营主体续贷贷款纳入正常类贷款管理；对新型农业经营主体信贷支持力度较大的银行业金融机构，在降低经济资本风险权重等政策方面加大倾斜力度；落实创业担保贷款贴息政策；落实农户小额贷款税收优惠政策；等等
切实加强组织领导	充分发挥部门职能作用，人民银行分支机构、农业农村、财政、银行保险监督管理、证券监督管理、地方金融管理等相关部门建立沟通协调工作机制，结合实际细化本辖区金融支持新型农业经营主体的政策措施、职责分工；稳妥扩大农村普惠金融改革试点；落实好商业银行绩效评价办法。将对新型农业经营主体的金融服务情况纳入金融机构服务乡村振兴考核评估，强化评估结果运用；等等

四、结　语

受我国基本国情影响，在农业现代化发展过程中，以家庭为单位的小农户生产经营模式仍然是我国农业生产的基本方式。虽然在国家政策的支持和引领下，我国农业经营主体越来越多样化，农业生产经营方式也在不断创新，但是小农户作为农业经营主体的基本情况在短时间内仍然无法发生改变。近些年来，由于国家相关政策的支持，我国新型农业经营主体得到了极大发展，并且在农业生产经营活动当中占有举足轻重的地位。家庭农场和种植大户、农民合作社、农业龙头企业等新型农业经营主体相互影响、相互促进，共同推动了我国农业的现代化发展，但是这种情况在一定程度上也导致很多人忽视了小农户的存在，甚至使小农户逐渐被边缘化，这对我国农业现代化发展是非常不利的。

促进小农户与现代农业之间的有机衔接，是我国农业现代化发展的重要内容。通过对小农户与现代农业之间的衔接情况进行研究，并且深入阐释两者衔接的内在逻辑和衔接机制对有效推动我国的特色农业发展至关重要。为此，本书在阐释相关概念、理论的基础上，进行了以下研究。

首先，本书简要说明了新型农业经营主体的类型、不同新型农业经营主体促进小农户与现代农业有机衔接的优势，并以嵌入性理论为基础，从小农户、新型农业经营主体衔接的机理出发，探讨了新型农业经营主体与小农户融合发展过程中面临的相关问题，进而阐释了小农户与现代农业衔接的理论逻辑。由此得出要实现小农户与现代农业的有机衔接，就要使小农户与新型农业经营主体有机融合，充分发挥两者的积极作用，而不是对两者进行简单的机械相加，更不能以牺牲小农户为代价的结论。小农户是我国农业发展的主体，要真正实现农业现代化发展，必须对小农户进行扶持，满足其从事农业生产经营活动的需求，帮助其解决在现代化发展过程中遇到的难题和阻碍,将小农户嵌入现代农业发展体系。在市场经济条件下,收益对小农户与现代农业之间的衔接效果产生了非常直接的影响。因此,有必要在小农户与新型农业经营主体之间建立良好的利益分配机制,保证利益分配公平合理,这样才能保证小农户与现代农业衔接关系的稳定性。

其次,在促进小农户与现代农业有机衔接的过程中,需要从实际情况出发,遵循统筹推进、协调发展,因地制宜、分类施策,尊重意愿、保护权益的基本原则,积极发挥新型农业经营主体的引领作用,通过提供社会化服务为小农户赋能,激发小农户发展现代农业的潜力,引导小农户与现代农业进行衔接。

最后,本书探讨了新型农业经营主体在带动小农户与现代农业有机衔接过程中存在的优势和面临的困境,进行了经典案例解析,并总结了研究结论、提出了相应的对策。综上所述,在实际的发展过程中,需要充分考虑不同小农户在自身资源禀赋方面存在的差异,发挥不同衔接载体的长处,采用多元化的衔接方式,促进小农户与现代农业的有机衔接;需要保证不同衔接机制相互补充、相互协调,只有这样才能充分展现出有机衔接的合力,进而推动我国农业的现代化发展。

附 录

第四批新型农业经营主体典型案例

名单类别	主要举措	序号	具体案例
全国农民合作社典型案例	发展粮食规模经营	1	转变农业发展方式创新利益联结机制 ——内蒙古自治区阿荣旗天助水稻科技种植专业合作社
		2	创新经营模式保障种粮效益 ——吉林省梨树县凤凰山农机农民专业合作社
		3	合作种好粮创新增效益 ——吉林省镇赉县英台农机农民专业合作社
		4	做深"联合+"文章跑出共富"加速度" ——浙江省杭州临安金惠粮油专业合作社联合社
		5	开展全程"保姆"服务聚力适度规模经营 ——山东省邹城市粮丰供销农机专业合作社
		6	探索农业产业链服务推动粮食生产提质增效 ——河南省西华县农福种植专业合作社
		7	联合经营扩规模服务增效保收益 ——广东省惠州市广博大种植专业合作联社
		8	耕耘"活米村"激活共富路 ——四川省蓬溪县裕丰农作物种植专业合作社
		9	情系苍洱大地汇聚产粮合力 ——云南省大理市六绿农业科技综合种植专业合作社
		10	提升农机服务能力推进粮食规模经营 ——甘肃省张掖市甘州区建龙农机农民专业合作社
		11	规模化种植品牌化经营发展特色黑麦产业 ——新疆维吾尔自治区和静县隆祥农产品购销专业合作社

167

续表

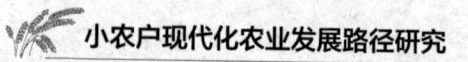

名单类别	主要举措	序号	具体案例
全国农民合作社典型案例	扩种大豆油料	1	复合种植绘丰景稳粮扩油保安全 ——河北省邢台市南和区金沙河农作物种植专业合作社
		2	规模种粮增效益复合种植喜丰收 ——内蒙古自治区杭锦后旗民上殷农牧业专业合作社
		3	搭伙种植走出稳粮扩油增收路 ——辽宁省昌图县阳宇农机服务专业合作社
		4	大力推进产加销一体做大做强合作经济 ——江西省贵溪市农成有机油茶种植专业合作社
		5	以科技强素质以品牌拓市场以融合赢发展 ——河南省浚县丰盛种植专业合作社
		6	创新种植模式实现一地三收 ——广西壮族自治区平南县三联种植专业合作社
	提升规范运营水平	1	规范服务两促凝心聚力谋发展 ——天津绿缘食用菌专业合作社
		2	合作聚人心抱团产业兴 ——山西省新绛县万安仙果品专业合作社
		3	做强产业促合作标准种植夺高产 ——黑龙江省依安县春城马铃薯专业合作社
		4	综合经营优实力联农带农共富裕 ——江苏省南京市高淳区和丰园生态水产养殖专业合作社
		5	打造柑橘爆款产品提升发展综合实力 ——浙江省临海市春树水果专业合作社
		6	打造优质"大菜园"共筑致富"众旺路" ——山东省寿光市众旺果蔬专业合作社
		7	规范管理品牌兴社创新服务合作共赢 ——湖南省宁乡市流沙河生猪养殖专业合作社

续表

名单类别	主要举措	序号	具体案例
全国农民合作社典型案例	提升规范运营水平	8	内强素质重规范外强能力塑品牌 ——广东省鹤山市盛农种养专业合作社
		9	创新产业发展模式提升运营管理水平 ——贵州省福泉市陆坪镇罗坳村众创未来种养殖农民专业合作社
		10	规范引领促发展"小辣椒"铺就大产业 ——陕西省兴平市金鹏农业专业合作社
		11	致力农业标准化生产助推农业转型升级 ——青岛道乐果蔬专业合作社
	农民合作社办公司	1	延链促发展融合强能力 ——河北省秦皇岛小江蔬菜专业合作社
		2	合作社办公司做好乡村致富带头人 ——安徽省临泉县兄弟蔬果种植专业合作社
		3	创新经营模式擦亮"楚丹"品牌 ——湖北省广水市应山红星养殖专业合作社
	深化社企对接合作	1	抱团合作创品牌打造菌菇产业高地 ——湖北省谷城县金盆岭食用菌专业合作社
		2	规范提升强能力为农服务增效益 ——广东省茂名市电白区丰泽水果蔬菜专业合作社
		3	创新服务模式助推产业提档升级 ——广西壮族自治区南宁市武鸣嘉沃农业专业合作社
		4	合作兴产业赋能求共赢 ——四川省汉源县山里红种植养殖专业合作社
		5	合作发展创新路产业升级促增收 ——西藏自治区尼木县卡如乡加纳日绿色农业发展农牧民专业合作社
		6	实现联合共赢助力产业振兴 ——甘肃省庄浪县朱店农丰种植农民专业合作社联合社

169

续表

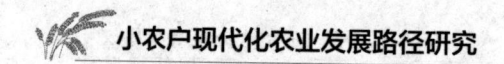

名单类别	主要举措	序号	具体案例
全国农民合作社典型案例	深化…	7	社企对接促发展统一服务稳增收 ——宁夏回族自治区固原市原州区彭堡镇宏科农民养殖专业合作社
	新型农业经营主体融合发展	1	合作构建产业联盟激发主体内生动力 ——上海良元农产品专业合作社
		2	创新服务机制实现抱团发展 ——江苏省泗洪县农民专业合作社联合会
		3	联农带农谋发展共同致富谱新篇 ——安徽省天长市禾禾生态农业专业合作社
		4	党建引领聚合力强村富民兴产业 ——福建省武平县百家姓农民专业合作社联合社
		5	合作发展科技引领增粮增收 ——江西省赣州市南康区恬凯稻业专业合作社
		6	党委领办合作社 谱写富民新篇章 ——山东省东营市河口区天河湾生态农业农民专业合作社
		7	支部领办规范运行产业升级强村富民 ——山东省沂源巾帼果蔬专业合作社
		8	规范运营增效益 链条延伸壮产业 ——大连金港湾果菜专业合作社
	发展乡村产业	1	以花为媒科农互促以社为家同心致富 ——北京慧田蔬菜种植专业合作社
		2	规范经营管理做强特色产业 ——山西省吉县吉昌镇绿之源苹果专业合作社
		3	农业科技创新引领"蘑菇小镇"建设 ——上海联中食用菌专业合作社
		4	"三个聚力"探索海峡两岸农业融合发展新路 ——福建省漳平永福闽台缘高山茶产销专业合作社

续表

名单类别	主要举措	序号	具体案例
全国农民合作社典型案例	发展乡村产业	5	种养结合踏富路产业融合振乡村 ——湖南省涟源市特色水果种植专业合作社
		6	众创促发展合作共致富 ——重庆金澜众创农业股份合作社
		7	小茯苓大产业"土疙瘩"变"金疙瘩" ——云南省宁洱通达中药材种植专业合作社
		8	发挥技术优势推进产业发展 ——西藏自治区波密县扎木镇巴琼村嘎隆沟林下资源种植农牧民专业合作社
		9	推广良种良法推动特色产业发展 ——青海省湟源县丰达胡萝卜种植专业合作社
		10	党建引领合作发展壮大连队经济 ——新疆生产建设兵团第五师双河市五元养殖专业合作社
		11	打造葡萄产业链带领农民共富 ——宁波市余姚市临山镇味香园葡萄专业合作社
全国家庭农场典型案例	发展粮食规模经营	1	规模经营效益显种养结合土生金 ——山西省临猗县征腾家庭农场
		2	创新经营模式提升种粮效益 ——黑龙江省密山市承紫河乡喜丰收家庭农场
		3	种好"一粒米"致富"一方人" ——浙江省嘉兴市南湖区余新镇志明家庭农场
		4	科学办农场带头种好粮 ——安徽省含山县陶厂镇幸福家庭农场
		5	科技拓荒种粮争先 ——福建省永安市小陶金山家庭农场

171

续表

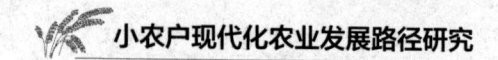

名单类别	主要举措	序号	具体案例
全国家庭农场典型案例	发展粮食规模经营	6	恪守"粮心"谋发展种养结合为"粮安" ——重庆市忠县仕钦家庭农场
		7	综合施策促种粮规模经营保安全 ——陕西省榆林市榆阳区耀国家庭农场
		8	走规模发展之路开共同富裕之花 ——宁夏回族自治区海原县宏梅家庭农场
	扩种大豆油料	1	科技助力粮食增产示范带动农民增收 ——安徽省萧县尚俊家庭农场
		2	勇担粮食生产责任赓续退役军人风采 ——山东省高密市万亩良田家庭农场
		3	大豆玉米"手拉手"稳粮扩油助增收 ——河南省遂平县槐树乡富平家庭农场
		4	科技赋能带状复合种植大豆玉米增产增收增效 ——四川省遂宁市安居区奉光荣种植家庭农场
		5	调优结构谋增收种养结合促发展 ——新疆维吾尔自治区轮台县明德家庭农场
	提升规范运营水平	1	坚持科技创新发展绿色生态农业 ——天津市北辰区德虎家庭农场
		2	科学选定优良品种实现桃产业稳健发展 ——天津晓森家庭农场
		3	规范管理强基础创新发展提能力 ——河北省望都县润泽家庭农场
		4	深耕玉米产业走专业化发展道路 ——山西省晋中市太谷区蔬有道农业家庭农场
		5	内强素质谋发展外强能力促增收 ——吉林省长春市九台区九郊微雨众惠种植业家庭农场

续表

名单类别	主要举措	序号	具体案例
全国家庭农场典型案例	提升规范运营水平	6	"四化"并举促发展三产融合增效益 ——江苏省南京市浦口区尹广红家庭农场
		7	践行生态理念打造精品农场 ——广东省乳源瑶族自治县桂花香家庭农场
		8	科学种植创高产规模经营增效益 ——云南省永平县厂街乡杨柳树村明兴枇杷种植家庭农场
		9	规范经营促发展科学种植助提升 ——青海省西宁市湟源申中旭云家庭农场
		10	"三品一标"抓生产"三链协同"增效益 ——青岛市平度南村家丰裕家庭农场
	新型农业经营主体融合发展	1	高效种养提品质主体融合促发展 ——上海市生飞家庭农场
		2	坚持一体化集成服务实现多主体共建共享 ——浙江省江山市佳源家庭农场
		3	现代化规模经营开启新"稻"路 ——广东省台山市斗山镇绿稻农场
		4	规模出效益科技创品质订单稳销路 ——广西壮族自治区田东浩胜家庭农场
		5	众人拾柴火焰高抱团取暖共发展 ——重庆市合川区七棵树水果种植家庭农场
		6	注重融合发展助力乡村振兴 ——新疆生产建设兵团第一师阿拉尔市疆小侠果品种植家庭农场
	发展乡村产业	1	做勤劳务实、精益求精的"小蜜蜂" ——北京市大兴区庞各庄镇小蜂哥家庭农场
		2	探索杜仲种养结合做精地方特色农业 ——河北省邢台红满天家庭农场
		3	产加销一体强实力传帮带助力促发展 ——内蒙古自治区奈曼旗固日班花苏木巴日嘎斯台嘎查张全宝家庭牧场

续表

名单类别	主要举措	序号	具体案例
全国家庭农场典型案例	发展乡村产业	4	发展蚯蚓产业美化人居环境 ——辽宁省沈阳市宏锦龙家庭农场
		5	发展循环农业致富环保双收 ——吉林省东辽县凌云乡华宇家庭农场
		6	发展立体种养模式探索综合赢利路径 ——江苏省句容市下蜀镇东来家庭农场
		7	"小青虫"养成大产业特色种养促农增收 ——江苏省灌云县马亮果蔬种植家庭农场
		8	种好富硒果 蹚出致富路 ——江西省寻乌县柿外桃源家庭农场
		9	以"智"取胜"慧"种地 ——山东省广饶县张守凤家庭农场
		10	深耕特色产业凝聚发展合力 ——河南省温县九五外婆珍果园家庭农场
		11	多元融合促进产业升级发展 ——湖北省竹溪县群鑫生态林牧家庭农场
		12	深耕农旅融合推进产业发展 ——湖北省仙桃市心怡家庭农场
		13	科技助力绿色发展发挥家庭农场示范带动作用 ——湖南省长沙市望城区贤乡耕生态家庭农场
		14	规模适度重科技猕猴桃变"致富果" ——贵州省水城县蟠龙镇百车河庭银家庭农场
		15	科学种田创效益产业延伸促发展 ——厦门市翔安区町町家庭农场
	参与公共服务供给	1	打造公共服务新平台当好家庭农场娘家人 ——四川省家庭农场发展创业联盟
		2	创新服务拓宽产业发展空间 ——陕西省镇安县秦绿苑家庭农场

174

参考文献

[1] 陈晓玲，聂志平．空巢小农户绿色农业生产面临的困境及优化路径研究[J]．现代农业研究，2022,28(12)：84-87.

[2] 邹巧君，李慧巍．新型农业经营主体促进小农户衔接现代农业发展的典型及参考——以浙江省部分县区为例[J]．现代农机，2022(06)：16-18.

[3] 李臻．回到过程之中：西南边境小农户实现可持续生计的困境与思考[J/OL]．农业经济问题：1-10[2023-01-05].

[4] 刘欣怡，李梅芳．山东省农业现代化建设现状及发展建议——基于农业劳动力数量[J]．农业工程，2022,12(8)：155-160.

[5] 丁显阳，刘文学．进一步完善小农户与新型农业经营主体的利益联结机制——全国人大常委会听取审议国务院关于加快构建新型农业经营体系推动小农户和现代农业发展有机衔接情况的报告[J]．中国人大，2022(04)：52-53.

[6] 我国带动小农户发展的现代农业经营体系初步形成[J]．中国农民合作社，2022(02)：5.

[7] 邓小刚．国务院关于加快构建新型农业经营体系推动小农户和现代农业发展有机衔接情况的报告——2021年12月21日在第十三届全国人民代表大会常务委员会第三十二次会议上[J]．农村经营管理，2022(01)：14-17.

[8] 刘越．技术障碍与有效供给：安徽省小农户与现代农业有机衔接路径研究[J]．南方农机，2021,52(23)：16-20.

[9] 潘骏亚．新型农业经营主体带动小农户发展的制约因素和路径[J]．黑河学院学报，2021,12(10)：53-55+63.

[10] 周振．新型统分结合双层经营体制的探索创新与理论逻辑——兼论小农户和现代农业发展的有机衔接[J]．经济纵横，2021(09)：70-79.

[11] 王水英.实现小农户与现代农业发展有机衔接——莱州市小农户家庭经营调查[J].中国农民合作社,2021(08):71-72.

[12] 刘涛.村社统筹:小农户发展现代农业的实践机制与逻辑分析——对河南省M村创新农业经营模式的考察[J].创新,2021,15(04):35-45.

[13] 钟丽娜.村社集体:小农户组织化与现代农业衔接的有效载体[J].现代经济探讨,2021(06):126-132.

[14] 韩琼慧.乐山市推进多种形式农业适度规模经营发展的实践与思考[J].中共乐山市委党校学报(新论),2021,23(03):66-70.

[15] 王卫卫,张应良.区域品牌赋能:小农户衔接现代农业的有效路径——基于四川省眉山市广济乡的案例调查[J].中州学刊,2021(05):36-43.

[16] 李计平.试论新型农业经营主体与小农户的协同发展[J].当代农村财经,2021(05):54-58.

[17] 程敏.关于健全农业社会化服务体系,推进黑龙江省小农户生产与现代农业衔接的对策建议[J].商业经济,2021(03):34-35.

[18] 王晋喜,王杨军,张青山等.果园托管:让小农户与现代农业发展有机衔接[J].果农之友,2021(02):44-46.

[19] 孔维明,刘玉霞.构建现代化农业经济体系的有效路径——基于小农户和现代农业有机衔接的视角[J].未来与发展,2020,44(12):12-17.

[20] 彭万勇,谷继建.小农经营衔接难表征与深层根源辨判——兼论小农户与现代农业发展有机衔接路向选择[J].世界农业,2020(12):108-117.

[21] 王前涛,邓红军,刘静等.宜昌市新型农业经营主体带动小农户发展生产的典型模式[J].基层农技推广,2020,8(11):107-109.

[22] 孙新华,冷芳.社区本位的农业规模经营及其社会基础[J].华南农业大学学报(社会科学版),2020,19(06):1-10.

[23] 岳喜优.财政金融协同支持小农户融入现代农业体系发展研究[J].财政科学,2020(10):91-97.

[24] 许佳彬,王洋,李翠霞.新型农业经营主体有能力带动小农户发展吗——基于技术效率比较视角[J].中国农业大学学报,2020,25(09):200-214.

[25] 汪涛，蒋雨东，廖小舒. 农业社会化服务——小农户与现代农业发展有机衔接的有效途径 [J]. 安徽农业科学，2020，48(12)：252-254.

[26] 潘骏亚. 新型农业经营主体带动小农户发展研究 [J]. 南方农业，2020，14(17)：110-111.

[27] 熊磊. 新型农业经营主体与小农户协同发展：现实价值与模式创新 [J]. 当代经济管理，2020，42(09)：32-38.

[28] 李耀锋，张余慧. 内生型新型农业经营主体带动小农户发展的动力机制——基于嵌入性理论的个案研究 [J]. 中国农业大学学报（社会科学版），2020，37(01)：38-47.

[29] 罗海滨，方达. 农地"三权分置"、小农户与新型农业经营主体协调发展——一个异质性主体资本积累的视角 [J]. 农村经济，2020(02)：7-13.

[30] 耿朝阳. 小农户与现代农业有机衔接 [J]. 中国集体经济，2020(04)：6-7.

[31] 罗必良. 小农经营、功能转换与策略选择——兼论小农户与现代农业融合发展的"第三条道路" [J]. 农业经济问题，2020(01)：29-47.

[32] 刘闯，仝志辉，陈传波. 小农户现代农业发展的萌发：农户间土地流转和三种农地经营方式并存的村庄考察——以安徽省D村为个案分析 [J]. 中国农村经济，2019(09)：30-47.

[33] 毛晓雅. 农业农村部、财政部印发通知要求：推进小农户开展农业生产托管发展规模经营 [J]. 中国农机监理，2019(09)：6-7.

[34] 何建兵. 基于共生理论的小农户与新型农业经营主体互动发展关系研究 [J]. 新余学院学报，2019，24(04)：60-65.

[35] 苏会，赵敏. 小农户与现代农业有机衔接策略探析——基于三个典型案例的研究 [J]. 东北农业科学，2019，44(03)：83-87.

[36] 胡永万，郭艳青，杨甜等. 加快培育高素质农民带动小农户共同发展——对浙江安吉新型农业经营主体带头人作用发挥的调查 [J]. 农村工作通讯，2019(13)：46-48.

[37] 张益丰. 以合作社为纽带实现小农户与现代农业的有机衔接——社会化服务的有效供给 [J]. 中国农民合作社，2019(03)：27-28.

[38] 范云峰. 新型农业经营主体带动小农户转型发展的现实性及其路径 [J]. 长江师范学院学报，2019，35(01)：58-65.

[39] 许丽萍. 创新经营模式, 实现小农户和现代农业发展有机衔接 [J]. 农家参谋, 2019(01): 25.

[40] 小农户经营的领路者——宁波市创宁粮机专业合作社发展纪实 [J]. 当代农机, 2018(12): 50-51.

[41] 郭斐然, 孔凡丕. 农业企业与农民合作社联盟是实现小农户与现代农业衔接的有效途径 [J]. 农业经济问题, 2018(10): 46-49.

[42] 本刊评论员. 建立现代农业经营体系推动实施乡村振兴战略 [J]. 农村经营管理, 2018(10): 1.

[43] 张眉, 高小宽, 孙文文. "小农户-大生产"现代农业体系有机衔接的研究 [J]. 现代园艺, 2018(19): 181-182.

[44] 高君. 合作社是小农户与现代农业相衔接的有效方式——以凤阳县黄张种植经济合作社为例 [J]. 理论建设, 2018(04): 60-62.

[45] 邸欣然. 培育新型农业经营主体促进小农户与现代农业发展有机衔接——黑河市培育新型农业经营主体的调查与思考 [J]. 吉林农业, 2018(06): 89-90.

[46] 薛勇. "实现小农户和现代农业发展有机衔接"是巩固和完善农村基本经营制度的新举措 [J]. 实践(党的教育版), 2018(01): 23.

[47] 曾靖, 姜学勤, 孙萌. 基本农户经营与现代农业发展适应性研究——对湖北省103个基本农户的调查 [J]. 调研世界, 2013(05): 34-38.

[48] DanielKahneman, AmosTversky, 胡宗伟. 前景理论: 风险决策分析 [J]. 经济资料译丛, 2008(1): 1-18.

[49] 李长江, 袁飞, 池泽新. 促进市场—中介组织—农户经营产业化发展的政策分析 [J]. 技术经济, 2000(07): 32-34.

[50] 袁克忠. 土地公有制条件下农户经营发展面临的改革与选择——完善农村双层经营机制研究 [J]. 江西农业经济, 1997(06): 17-23.

[51] 樊朝君, 张晓阳, 姚文书. 大力发展"公司+基地+农户"经营形式加速畜牧业产业化进程 [J]. 中国畜牧杂志, 1997(05): 18-19.